Blickpunkt

Bei diesem Baustein sind die wichtigsten Informationen des nachfolgenden Kapitels als Grafik zusammengefasst.

Kolumnentitel

Die Angaben links und rechts oben auf einer Seite geben unterschiedliche Informationen: Links oben wird dir angezeigt, wie die Hauptüberschrift lautet, rechts oben siehst du das Thema der Seite.

3.2 Die Steigerung | 19

3.1.2 Besonderheiten der Adverbbildung

Manche Adverbien sind entstanden aus **erstarrten Kasusformen von Substantiven und Adjektiven** oder aus **Zusammensetzungen.** Sie können dann aussehen wie eine deklinierte Form, sind aber Adverbien.

Erstarrte Kasusformen von Substantiven und Adjektiven

- **Nominative als Adverbien**
  rūrsus (wieder)   frūstra (umsonst)   intus (drinnen)   satis (genug)

- **Akkusative als Adverbien**
  multum (viel)   nimium (zu sehr)   prīmum (zuerst)   nihil (gar nicht)
  plūrimum (sehr viel) potius (eher)   paulum (ein wenig) prius (früher)
  parum (zu wenig)   facile (leicht)   cēterum (übrigens) dēmum (endlich)
  tantum, sōlum (nur)

- **Ablative als Adverbien**
  modo (nur, eben)   rārō (selten)   crēbrō (häufig)   diū (lange)
  postrēmō (zuletzt) subitō (plötzlich) citō (schnell)   hodiē (heute)
  prīmō (zuerst)   ultrō (von selbst) omnīnō (überhaupt) forte (zufällig)
  cāsū (zufällig)   māgnopere (sehr)

Zusammensetzungen

- **präpositionale Verbindungen**
  anteā (vorher, früher)   praetereā (außerdem)
  posteā (nachher, später) imprīmīs (besonders)
  intereā (unterdessen)   obviam (entgegen)
  propterea (deswegen)   admodum (sehr, in hohem Maße)

- **Verbindungen ursprünglich selbstständiger Wörter**
  adeō (so sehr)   deinde (von da an, darauf)
  interdum (manchmal)   cottīdiē (täglich)

3.2 Die Steigerung

Bildung

- Der **Komparativ des Adverbs** wird mit der Endung **-ius** gebildet.
  iūstius (gerechter, auf gerechtere Weise)
- Der **Superlativ** des Adverbs wird gleich dem Superlativ des Adjektivs gebildet (↑ S. 15 f.) und hat die Endung **-ē**.
  vēlōcissimē (am schnellsten, auf die schnellste Art)

Unregelmäßige Bildung

Adjektiv	Adverb	Komparativ	Superlativ
bonus (gut)	bene	melius	optimē
malus (schlecht)	male	peius	pessimē

FORMENLEHRE

Kapitelmarke und Kapitelbezeichnung

Jedes Kapitel wird durch eine Startseite in einer eigenen Farbe eingeleitet und durch die Kapitelmarke auf jeder Seite des Kapitels angezeigt. Bei jedem Kapitel wechselt die Farbe und damit die Kapitelmarke. Außerdem wird bei jeder Kapitelmarke das Thema des Kapitels genannt, in dem du dich gerade befindest.

Am Ende 127 und 128 ein Register mit allen wichtigen Suchbegriffen. So kannst du gezielt die Seite finden, auf der du Auskunft zu einer bestimmten Fragestellung erhältst.

Eine Liste leicht verwechselbarer Verben ist eine schnell auffindbare Ergänzung des Grammatikteils auf dem hinteren Buchdeckel.

Regel/Beispiel

Auf dem lilafarbenen Hintergrund steht immer die Erklärung oder Regel, auf dem weißen Hintergrund – auf der gleichen Zeile daneben oder darunter – erläutert ein Beispiel den Sachverhalt.

Duden

Schulgrammatik extra

Latein

5. bis 10. Klasse

Grammatik
Texterschließung und Übersetzung

2. Auflage

Dudenverlag
Berlin · Mannheim · Zürich

Bibliografische Information der Deutschen Nationalbibliothek
Die Deutsche Nationalbibliothek verzeichnet diese Publikation in
der Deutschen Nationalbibliografie; detaillierte bibliografische Daten
sind im Internet über http://dnb.d-nb.de abrufbar.

Das Wort **Duden** ist für den Verlag Bibliographisches Institut GmbH
als Marke geschützt.

Alle Rechte vorbehalten.
Nachdruck, auch auszugsweise, vorbehaltlich der Rechte, die sich
aus den Schranken des UrhG ergeben, nicht gestattet.

© Duden 2011; Nachdruck 2013   D C B
Bibliographisches Institut GmbH
Mecklenburgische Straße 53, 14197 Berlin

Redaktionelle Leitung Heike Krüger-Beer
Redaktion Dr. Bettina Kratz-Ritter
Autorinnen Monika Bornemann, Petra Hennigfeld

Herstellung Andreas Preising
Layout Peter Lohse
Umschlaggestaltung Sven Rauska

Satz FROMM MediaDesign, Selters im Taunus
Druck und Bindung Offizin Andersen Nexö Leipzig GmbH
Spenglerallee 26–30, 04442 Zwenkau
Printed in Germany

ISBN 978-3-411-72762-9

Inhalt

Formenlehre

	Kapitelübersicht	5
1	**Das Substantiv**	6
1.1	Die ā-Deklination (1. Deklination)	6
1.2	Die o-Deklination (2. Deklination)	7
1.3	Die konsonantische Deklination (3. Deklination)	8
1.4	Die u-Deklination (4. Deklination)	10
1.5	Die ē-Deklination (5. Deklination)	11
2	**Das Adjektiv**	12
2.1	Die ā- und die o-Deklination	12
2.2	Die konsonantische Deklination	13
2.3	Die Steigerung der Adjektive	15
3	**Das Adverb**	18
3.1	Die Bildung	18
3.2	Die Steigerung des Adverbs	19
4	**Das Pronomen**	20
4.1	Das Personalpronomen	20
4.2	Das Possessivpronomen	21
4.3	Das Demonstrativpronomen	22
4.4	Das Relativpronomen	24
4.5	Das Interrogativpronomen	25
4.6	Das Indefinitpronomen	26
4.7	Das Korrelativpronomen	28
4.8	Das Pronominaladjektiv	28
5	**Das Numerale (Zahlwort)**	29
5.1	Die Grund- und Ordnungszahlen	30
5.2	Verteilungszahlen und Zahladverbien	31
6	**Das Verb**	32
6.1	Die Konjugationen	32
6.2	Das Verbum infinitum	33
6.3	Das Verbum finitum	37
6.4	Deponenzien und Semideponenzien	47
6.5	Die unregelmäßigen Verben	49
6.6	Die unvollständigen Verben	54
6.7	Die Stammformen wichtiger Verben	55

Satzlehre

	Kapitelübersicht	61
1	**Der einfache Satz**	62
1.1	Das Subjekt	62
1.1	Das Prädikat	63
1.3	Das Objekt	63
1.4	Attribut, Adverbiale und Prädikativum	64
1.5	Die Kasus (Fälle) und ihre Funktionen	64
1.6	Die Präpositionen	74
1.7	Infinitiv und Infinitiv-konstruktionen	76
1.8	Partizipialkonstruktionen	79
1.9	Gerundium und Gerundivum	83
1.10	Die Tempora und ihre Funktionen	85
1.11	Die Modi: Indikativ, Konjunktiv und Imperativ	88
1.12	Die Genera Verbi: Aktiv und Passiv	90
1.13	Der einfache Satz	91
2	**Der zusammengesetzte Satz**	93
2.1	Die Satzreihe	93
2.2	Das Satzgefüge	94

Texterschließung und Übersetzung

	Kapitelübersicht	105
1	**Die satzübergreifende Texterschließung**	106
1.1	Kriterien der Texterschließung	106
1.2	Die satzübergreifende Methode	107
2	**Die Erschließung einzelner Sätze**	109
2.1	Der einfache Satz	110
2.2	Die Satzperiode	113

3	**Stilistisch-rhetorische Analyse**	121
3.1	Die wichtigsten Stilmittel	121
3.2	Die rhetorische Analyse	123
4	**Die metrische Analyse**	124
4.1	Der Rhythmus	124
4.2	Die Prosodie (Aussprache)	125
4.3	Die Metrik	125
4.4	Weitere Kennzeichen der lateinischen Dichtersprache	126

Register

127

FORMENLEHRE

1	**Das Substantiv**	6
1.1	Die ā-Deklination	6
1.2	Die o-Deklination	7
■	Gemeinsamkeiten der ā- und o-Deklination	8
1.3	Die konsonantische Deklination	8
1.3.1	Die konsonantischen Stämme	8
1.3.2	Die i-Stämme	9
1.3.3	Die gemischte Deklination	10
1.4	Die u-Deklination	10
■	Die unregelmäßige Deklination von domus, ūs	10
1.5	Die ē-Deklination	11
■	Den Kasus richtig erkennen	11

2	**Das Adjektiv**	12
2.1	Die ā- und die ō-Deklination	12
2.2	Die konsonantische Deklination	13
2.2.1	Dreiendige Adjektive	13
2.2.2	Zweiendige Adjektive	14
2.2.3	Einendige Adjektive	14
■	Die Konsonantenstämme	15
2.3	Die Steigerung	15
2.3.1	Die regelmäßige Steigerung	15
■	Übersetzungsvarianten des Superlativs	16
2.3.2	Die unregelmäßige Steigerung	17
2.3.3	Die unvollständige Steigerung	17

3	**Das Adverb**	18
3.1	Die Bildung	18
3.1.1	Die regelmäßige Adverbbildung	18
■	Adverbien mit zwei Formen	18
3.1.2	Besonderheiten der Adverbbildung	19
3.2	Die Steigerung	19

4	**Das Pronomen**	20
4.1	Das Personalpronomen	20
4.2	Das Possessivpronomen	21
4.3	Das Demonstrativpronomen	22
4.3.1	is/ea/id und īdem/eǎdem/īdem	22
■	Die verschiedenen Funktionen	23
4.3.2	hic/haec/hoc und ille/illa/illud	23
4.4	Das Relativpronomen	24
4.5	Das Interrogativpronomen	25
4.6	Das Indefinitpronomen	26

4.6.1	aliquis/aliquid und aliquī/ aliqua/aliquod	26
4.6.2	quīdam/quaedam/quiddam und quīdam/quaedam/quoddam	27
■	qui/quae/quod als Relativ-, Interrogativ- und Indefinitpronomen	28
4.6.3	nēmō/nihil/nūllus	27
4.7	Das Korrelativpronomen	28
4.8	Das Pronominaladjektiv	28

5	**Das Numerale**	29
5.1	Die Grund- und Ordnungszahlen	30
■	Die Bildung der Grund- und Ordnungszahlen	31
5.2	Verteilungszahlen und Zahladverbien	31
■	Der römische Kalender	31

6	**Das Verb**	32
6.1	Die Konjugationen	32
6.2	Das Verbum infinitum	33
6.2.1	Der Infinitiv	33
6.2.2	Das Partizip	34
6.2.3	Gerundium und Gerundivum	35
6.2.4	Das Supinum	36
6.3	Das Verbum finitum	37
6.3.1	Die Personalformen des Präsensstamms	37
■	Unregelmäßig gebildete Imperative	42
6.3.2	Die Personalformen des Perfektstamms	42
6.3.3	Die Personalformen des Partizipialstamms	44
6.4	Deponenzien und Semideponenzien	47
6.4.1	Die Deponenzien	47
6.4.2	Die Semideponenzien	48
6.5	Die unregelmäßigen Verben	49
6.5.1	esse	49
6.5.2	velle, nōlle, malle	51
6.5.3	īre	51
6.5.4	ferre	52
■	tollere	53
6.5.5	fierī	53
6.6	Die unvollständigen Verben	54
6.6.1	meminisse, ōdisse, nōvisse	54
6.6.2	coepisse	54
■	aiō, inquam	54
6.7	Die Stammformen wichtiger Verben	55

1 Das Substantiv

Substantive sind **Hauptwörter**, die dekliniert, d. h. abgewandelt werden können. Wie im Deutschen umfasst die Deklination der Substantive drei Bereiche.

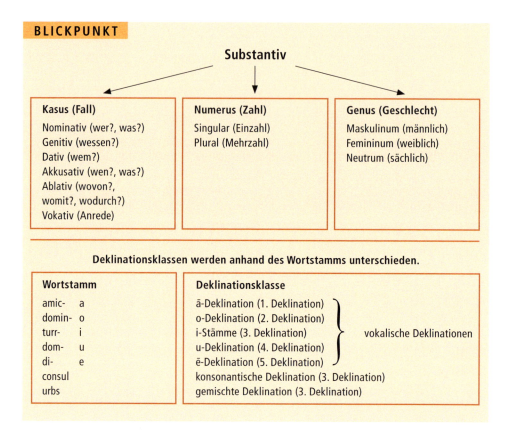

1.1 Die ā-Deklination (1. Deklination)

Deklination		
	Singular	Plural
Nominativ	serva (die Sklavin)	servae (die Sklavinnen)
Genitiv	servae (der Sklavin)	servārum (der Sklavinnen)
Dativ	servae (der Sklavin)	servīs (den Sklavinnen)
Akkusativ	servam (die Sklavin)	servās (die Sklavinnen)
Ablativ	servā (mit/von der Sklavin)	servīs (mit/von den Sklavinnen)
Vokativ	serva! (Sklavin!)	servae! (Sklavinnen!)

1.2 Die o-Deklination (2. Deklination) | **7**

FORMENLEHRE

Merkmale

- Die Substantive der ā-Deklination sind **Feminina** (grammatisches Geschlecht).
- Ausnahmen sind Wörter, die männliche Personen bezeichnen (natürliches Geschlecht).

- Manche Wörter kommen **nur im Plural** vor.

lingua Latīna (die lateinische Sprache)

poēta, -ae (der Dichter)
nauta, -ae (der Seemann)
incola, -ae (der Einwohner)
agricola, -ae (der Bauer)
īnsidiae, -ārum (der Hinterhalt)
dīvitiae, -ārum (der Reichtum)

1.2 Die o-Deklination (2. Deklination)

Deklination

		Maskulina auf -us	Maskulina auf -er	Neutra auf -um
Singular	Nominativ	amīcus	magister	oppidum
	Genitiv	amīcī	magistrī	oppidī
	Dativ	amīcō	magistrō	oppidō
	Akkusativ	amīcum	magistrum	oppidum
	Ablativ	amīcō	magistrō	oppidō
	Vokativ	amīce!	magister!	oppidum!
Plural	Nominativ	amīcī	magistrī	oppida
	Genitiv	amīcōrum	magistrōrum	oppidōrum
	Dativ	amīcīs	magistrīs	oppidīs
	Akkusativ	amīcōs	magistrōs	oppida
	Ablativ	amīcīs	magistrīs	oppidīs
	Vokativ	amīcī!	magistrī!	oppida!

Merkmale

- Die Substantive der o-Deklination auf -*us* und -*er* (Genitiv -*ī*) sind **Maskulina**, die Substantive auf -*um* (Genitiv -*ī*) sind **Neutra**.
- **Feminina** sind Land, Insel, Stadt und Baum auf -*us*.
- Die **Maskulina** auf -*us* bilden den Vokativ mit -e. Ausnahmen sind *filius*, und Eigennamen auf -*ius*.

- Bei den Substantiven auf -*er* gehört das -e entweder zum **Stamm**: Dann bleibt es in allen Kasus erhalten. Oder es gehört nicht zum Stamm, dann steht es nur im Nominativ Singular.

amīcus, -ī (m.) (der Freund)
magister, -ī (m.) (der Lehrer)
oppidum, -ī (n.) (die Stadt)
Corinthus antīqua (das alte Korinth)
fāgus alta (die hohe Buche)
domine! (Herr!)
mī fīlī! (mein Sohn!)
Gaī! (Gaius!)
puer, puerī, puerō ...
magister, magistri ...

> **BESONDERS NÜTZLICH**
>
> ### Gemeinsamkeiten der ā- und o-Deklinationen
>
> Substantive und Adjektive (↑ S. 6,12) der ā- und der o-Deklination haben Folgendes gemeinsam:
>
> - Für alle **Neutra** gilt die Grundregel: **Akkusativ gleich Nominativ**. Nominativ und Akkusativ enden im Singular auf **-um**, im Plural auf **-a**.
>   templum   der Tempel/den Tempel (Nominativ und Akkusativ Singular),
>   templa   die Tempel (Nominativ und Akkusativ Plural).
>
> - Der **Ablativ Singular** endet bei beiden Deklinationen auf den jeweiligen Stammauslaut: Feminina auf **-ā**, Maskulina und Neutra auf **-ō**.
>   servā   mit der Sklavin,
>   magistrō   mit dem Lehrer,
>   oppidō   durch die Stadt.
>
> - Die Formen in **Dativ und Ablativ Plural** sind jeweils identisch.

1.3   Die konsonantische Deklination (3. Deklination)

Unter der Bezeichnung „konsonantische Deklination" werden die konsonantischen Stämme, die i-Stämme und die gemischte Deklination **zusammengefasst.**

1.3.1   Die konsonantischen Stämme

Deklination		Maskulinum	Femininum	Neutrum	Femininum
Singular	Nominativ	cōnsul	lēx	tempus	nātiō
	Genitiv	cōnsulis	lēgis	temporis	nātiōnis
	Dativ	cōnsulī	lēgī	temporī	nātiōnī
	Akkusativ	cōnsulem	lēgem	tempus	nātiōnem
	Ablativ	cōnsule	lēge	tempore	nātiōne
Plural	Nominativ	cōnsulēs	lēgēs	tempora	nātiōnēs
	Genitiv	cōnsulum	lēgum	temporum	nātiōnum
	Dativ	cōnsulibus	lēgibus	temporibus	nātiōnibus
	Akkusativ	cōnsulēs	lēgēs	tempora	nātiōnēs
	Ablativ	cōnsulibus	lēgibus	temporibus	nātiōnibus

1.3 Die konsonantische Deklination (3. Deklination) | 9

Merkmale

- Zur konsonantischen Deklination gehören Wörter, deren Wortstamm auf einen Konsonanten endet.

cōnsul, cōnsulis (m.) (Stamm: cōnsul-)
lēx, lēgis (f.) (Stamm: lēg-)
tempus, temporis (n.) (Stamm: tempor-)
nātiō, nātiōnis (f.) (Stamm: nātiōn-)

- Die Substantive der konsonantischen Stämme enden
  - im Ablativ Sg. auf -e,
  - im Genitiv Pl. auf -um.

rēx (der König)
rēge
rēgum

- Die Neutra enden im Nominativ und Akkusativ Plural auf -a.

corpus (der Körper) → corpora

- Der Vokativ ist immer gleich dem Nominativ.

cōnsul! (Konsul!)

1.3.2 Die i-Stämme

Deklination

	Singular		Plural	
	Neutrum	Femininum	Neutrum	Femininum
Nominativ	mare	turris	maria	turrēs
Genitiv	maris	turris	marium	turrium
Dativ	marī	turrī	maribus	turribus
Akkusativ	mare	turrim	maria	turrēs
Ablativ	marī	turrī	maribus	turribus

Merkmale

Zu den i-Stämmen gehören:
- die Neutra auf -ar, -e, -al,
- die Feminina *sitis, puppis, turris, febris, secūris*.

mare, maris (n.) (das Meer)
animal, animālis (n.) (das Tier)
sitis, is (f.) (der Durst)
puppis, is (f.) (das Heck, das Achterdeck)
turris, is (f.) (der Turm)
febris, is (f.) (das Fieber)
secūris, is (f.) (das Beil)

- *vīs* weist im Singular eine unvollständige Deklination auf.

Nominativ: vīs (f.) (Gewalt, Macht)
Akkusativ: vim
Ablativ: vī

- Die Substantive der i-Stämme enden
  - im Akkusativ Singular auf -im,
  - (Neutra: Akkusativ = Nominativ!),
  - im Ablativ Singular auf -i,
  - im Genitiv Plural auf -ium,
  - im Akkusativ und Nominativ Plural enden die Neutra auf -ia.
  - Auch hier gilt grundsätzlich die Regel für alle Neutra: Akkusativ = Nominativ Plural.

sitim
animal
sitī
sitium

animālia

FORMENLEHRE

1.3.3 Die gemischte Deklination

Deklination

	Singular	Plural	Singular	Plural
Nominativ	urbs	urbēs	cīvis	cīvēs
Genitiv	urbis	urbium	cīvis	cīvium
Dativ	urbī	urbibus	cīvī	cīvibus
Akkusativ	urbem	urbēs	cīvem	cīvēs
Ablativ	urbe	urbibus	cīve	cīvibus

Merkmale

- **Gemischte** Deklination bedeutet: Die Endung im Genitiv Plural geht nach den i-Stämmen, alle anderen Formen folgen der konsonantischen Deklination.

  ars, artium (f.) (die Kunst)

- Zur gemischten Deklination gehören die Substantive auf *-is* und *-ēs* sowie die Substantive mit mehr als einem Konsonanten vor dem Genitivausgang *-is*.

  cīvis, is (m. und f.) (der Bürger)
  clādēs, -is (f.) (die Niederlage)
  urbs, urbis (f.) (die Stadt)
  gēns, gentis (f.) (das Geschlecht)

1.4 Die u-Deklination (4. Deklination)

Deklination

	Singular Maskulinum	Plural	Singular Neutrum	Plural
Nominativ	exercitus	exercitūs	cornū	cornua
Genitiv	exercitūs	exercituum	cornūs	cornuum
Dativ	exercituī	exercitibus	cornuī	cornibus
Akkusativ	exercitum	exercitūs	cornū	cornua
Ablativ	exercitū	exercitibus	cornū	cornibus

Merkmale

- Die Substantive der u-Deklination sind Maskulina *(-us)* und Neutra *(-u)*.
- Feminina sind: *manus, domus, porticus.*

  exercitus, ūs (m.) (das Heer)
  cornū, ūs (n.) (das Horn)
  manus, ūs (f.) (die Hand)
  domus, ūs (f.) (das Haus)
  porticus, ūs (f.) (der Säulengang)

BESONDERS NÜTZLICH

Die unregelmäßige Deklination von *domus, -ūs (f.)* (Haus)

- Singular: domus/domūs/domuī/domum/domō
- Plural: domūs/domōrum/domibus/domōs/domibus
- Sonderformen: domī = zu Hause; domum = nach Hause; domō = von zu Hause

1.5 Die ē-Deklination (5. Deklination)

Deklination

	Singular	Plural	Singular	Plural
Nominativ	rēs	rēs	diēs	diēs
Genitiv	rěī	rērum	diēī	diērum
Dativ	rěī	rēbus	diēī	diēbus
Akkusativ	rem	rēs	diem	diēs
Ablativ	rē	rēbus	diē	diēbus

Merkmale

- Die Substantive der ē-Deklination sind **Feminina**. rēs, rěī (f.) (Sache)
  fidēs, fiděī (f.) (Treue)
- Ausnahme: *dies* (oft Maskulinum). posterō diē (am folgenden Tag)

BESONDERS NÜTZLICH

Den Kasus richtig erkennen

Manche Formen sind mehrdeutig und nicht sofort zu bestimmen. Folgende Leitfragen helfen weiter:
- Welcher Kasus könnte es sein?
- Welche Deklination kommt infrage?
- Woher könnte es kommen (Grundform)?

	Kasus	Deklination	Beispiel	Grundform
-a/-ā	Nom. Sg. f.	ā-Deklination	villa	villa, -ae f.
	Abl. Sg. f.	ā-Deklination	domina	domina, -ae f.
	Nom./Akk. Pl. n.	o-Deklination	dona	donum, -i n.
	Nom./Akk. Pl. n.	kons. Deklination	corpora	corpus, -oris n.
	Nom./Akk. Pl. n.	u-Deklination	cornua	cornu, -us n.
-ae	Gen. Sg. f.	ā-Deklination	pecuniae	pecunia, -ae f.
	Dat. Sg. f.	ā-Deklination	tabulae	tabula, -ae f.
	Nom. Pl. f.	ā-Deklination	insulae	insula, -ae f.
-ī	Gen. Sg. m.	o-Deklination	filii	filius, -ī m.
	Gen. Sg. n.	o-Deklination	templi	templum, -ī n.
	Nom. Pl. m.	o-Deklination	cibi	cibus, -ī m.
	Dat. Sg.	kons. Deklination	legi	lex, legis f.
-is	Dat./Abl. Pl. m./f./n.	ā-/o-Deklination	amicis	amicus, -i m.
			amicis	amica, -ae f.
			votis	votum, -i n.
	Gen. Sg. m./f.	kons. Deklination	patris	pater, -tris m.
	Nom. Sg. f.	kons. Deklination	sitis	sitis, -is f.
-o	Dat./Abl. Sg.	o-Deklination	populo	populus, -i m.
			fato	fatum, -i n.
	Nom. Sg. m./f.	kons. Deklination	ordo	ordo, -inis m.

(Fortsetzung auf S. 12)

Den Kasus richtig erkennen (Fortsetzung)

Kasus		Deklination	Beispiel	Grundform
-us	Nom. Sg. m.	o-Deklination	ser**vus**	servus, -i m.
	Dat./Abl. Pl.	kons. Deklination	denti**bus**	dens, dentis m.
	Dat./Abl. Pl.	ē-Deklination	re**bus**	res, rei f.
	Nom. Sg. m./f.	u-Deklination	senat**us**	senatus, -us m.
	Gen. Sg.	u-Deklination	man**us**	manus, -us f.
	Nom./Akk. Pl.	u-Deklination	curs**us**	cursus, -us m.
-um	Nom./Akk. Sg. n.	o-Deklination	templ**um**	templum, -i n.
	Akk. Sg. m.	o-Deklination	vir**um**	vir, -i m.
	Gen. Pl. m./n.	o-Deklination	hort**orum**	hortus, -i m.
	Gen. Pl. f.	ā-Deklination	amic**arum**	amica, -ae f.
	Gen. Pl.	kons. Deklination	civitat**um**	civitas, -atis f.

2 Das Adjektiv

Adjektive beschreiben **Eigenschaften**; sie richten sich in Kasus, Numerus und Genus nach dem Substantiv, zu dem sie gehören (KNG-Kongruenz; ↑ S. 63 f.).

BLICKPUNKT

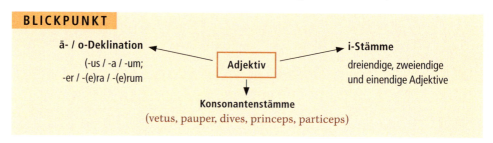

2.1 Die ā- und die o-Deklination

Deklination		Maskulinum	Femininum	Neutrum
Singular	Nominativ	bonus	bona	bonum
	Genitiv	bonī	bonae	bonī
	Dativ	bonō	bonae	bonō
	Akkusativ	bonum	bonam	bonum
	Ablativ	bonō	bonā	bonō
Plural	Nominativ	bonī	bonae	bona
	Genitiv	bonōrum	bonarum	bonōrum
	Dativ	bonīs	bonīs	bonīs
	Akkusativ	bonōs	bonās	bona
	Ablativ	bonīs	bonīs	bonīs

2.2 Die konsonantische Deklination | 13

Merkmale

- Die Adjektive der a- und o-Deklination enden auf
  -us/-a/-um oder auf *-er/-(e)ra/-(e)rum*.

- Bei einigen Adjektiven auf *-er* entfällt das
  e im Wortstamm (↑ S. 7).

bonus, -a, -um (gut)
liber, -era, -erum (frei)
pulcher, pulchra, pulchrum (schön)
ater, atra, atrum (schwarz, finster)
creber, crebra, crebrum (zahlreich)
niger, nigra, nigrum (schwarz)

2.2 Die konsonantische Deklination

Die **Adjektive** der konsonantischen Deklination gehören fast ausnahmslos zu den **i-Stämmen** (↑ S. 9). Je nach ihrem Formenbestand im Nominativ Singular werden sie in drei Gruppen eingeteilt: dreiendige, zweiendige und einendige Adjektive.

2.2.1 Dreiendige Adjektive

Deklination		Maskulinum	Femininum	Neutrum
Singular	Nominativ	ācer	ācris	ācre
	Genitiv	ācris	ācris	ācris
	Dativ	ācrī	ācrī	ācrī
	Akkusativ	ācrem	ācrem	ācre
	Ablativ	ācrī	ācrī	ācrī
Plural	Nominativ	ācrēs	ācrēs	ācria
	Genitiv	ācrium	ācrium	ācrium
	Dativ	ācribus	ācribus	ācribus
	Akkusativ	ācrēs	ācrēs	ācria
	Ablativ	ācribus	ācribus	ācribus

Merkmal

Im Nominativ Singular gibt es für jedes Genus eine eigene Form, also drei verschiedene Endungen.

acer (m.), acris (f.), acre (n.) (scharf)

14	2 Das Adjektiv

2.2.2 Zweiendige Adjektive

Deklination		Maskulinum und Femininum	Neutrum
Singular	Nominativ	fortis	forte
	Genitiv	fortis	fortis
	Dativ	forti	forti
	Akkusativ	fortem	forte
	Ablativ	fortī	fortī
Plural	Nominativ	fortēs	fortia
	Genitiv	fortium	fortium
	Dativ	fortibus	fortibus
	Akkusativ	fortēs	fortia
	Ablativ	fortibus	fortibus

Merkmale	
Maskulinum und Femininum haben gemeinsame Formen, das Neutrum hingegen hat eine besondere Form.	fortis (m.), fortis (f.), forte (n.) (tapfer)

2.2.3 Einendige Adjektive

Deklination		Maskulinum	Femininum	Neutrum
Singular	Nominativ	fēlīx	fēlīx	fēlīx
	Genitiv	fēlīcis	fēlīcis	fēlīcis
	Dativ	fēlīcī	fēlīcī	fēlīcī
	Akkusativ	fēlīcem	fēlīcem	fēlīx
	Ablativ	fēlīcī	fēlīcī	fēlīcī
Plural	Nominativ	fēlīcēs	fēlīcēs	fēlīcia
	Genitiv	fēlīcium	fēlīcium	fēlīcium
	Dativ	fēlīcibus	fēlīcibus	fēlīcibus
	Akkusativ	fēlīcēs	fēlīcēs	fēlīcia
	Ablativ	fēlīcibus	fēlīcibus	fēlīcibus

Merkmale	
Einendige Adjektive haben im Nominativ Singular **eine** Form für alle drei Genera.	fēlīx (m./f./n.) (glücklich)
Im Neutrum gilt stets die Regel, dass die Formen im **Akkusativ und Nominativ gleich** sind. Im Plural enden Nominativ und Akkusativ Plural auf -ia.	prūdēns (klug) prūdentia

BESONDERS NÜTZLICH

Die Konsonantenstämme

Einige einendige Adjektive der konsonantischen Deklination haben im **Ablativ Singular** die Endung **-e**, im **Genitiv Plural -um** und im **Nominativ und Akkusativ Plural Neutrum -a**.

- vetus, veteris (alt): vetere / veterum / vetera
- pauper, pauperis (arm): paupere / pauperum / paupera
- dives, divitis (reich): divite / divitum / divita
- princeps, principis (der erste): principe / principum / principa
- particeps, participis (teilnehmend): participe / participum / participa

2.3 Die Steigerung

Adjektive können gesteigert werden, d. h. **Vergleichsstufen** bilden: Ausgehend von der Grundstufe (Positiv) werden die Höherstufe (Komparativ) und die Höchststufe (Superlativ) gebildet.

BLICKPUNKT

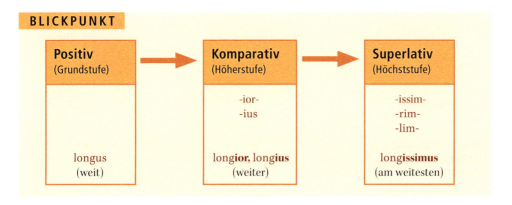

2.3.1 Die regelmäßige Steigerung

Bildung und Deklination des Komparativs

Bildung und Gebrauch

- Der Komparativ wird gebildet, indem man an den Wortstock (den unveränderlichen Wortbestandteil) die Endung anhängt: **-ior** für Maskulinum und Femininum, **-ius** für Neutrum.
- Die Komparative folgen der **konsonantischen Deklination** (↑ S. 8).
- Steht ein Komparativ einmal ohne nachfolgenden Vergleich, wird er durch ein Adverb wiedergegeben.

longus (lang) → longior, longius (länger)
ācer (scharf) → ācrior, ācrius (schärfer)
fortis (tapfer) → fortior, fortius (tapferer)
iter longius, itineris longioris,
itineri longiori ...
homo prudentior (ein ziemlich kluger Mensch)
puer fortior (ein überaus tapferer Junge)

16 | 2 Das Adjektiv

Deklination						
	Singular			Plural		
Nominativ	longior	longior	longius	longiōrēs	longiōrēs	longiōra
Genitiv		longiōris			longiōrum	
Dativ		longiōrī			longiōribus	
Akkusativ	longiōrem	longiōrem	longius	longiōrēs	longiōrēs	longiōra
Ablativ		longiōre			longiōribus	

Bildung und Deklination des Superlativs

- Der Superlativ wird in der Regel durch Anfügen gebildet, indem die Endung *-(is)simus, -(is)sima, -(is)simum* an den Wortstock angefügt wird.
- Die Superlative folgen der *a-/o*-Deklination (↑ S. 6 f.).

Positiv	Komparativ	Superlativ
longus (lang)	longior	long**issimus**
brevis (kurz)	brevior	brev**issimus**
prūdēns (klug)	prūdentior	prūdent**issimus**

Bei zwei Adjektivgruppen wird die Endung an den Auslaut des Adjektivs angeglichen:
- Die Adjektive auf *-er* enden auf *-rimus, -rima, -rimum*.
- Die Adjektive auf *-lis* haben als Endung *-limus, -lima, -limum*.

Positiv	Komparativ	Superlativ
pulcher (schön)	pulchrior	pulcher**rimus**
facilis (leicht)	facilior	facil**limus**
similis (ähnlich)	similior	simil**limus**

BESONDERS NÜTZLICH

Übersetzungsvarianten des Superlativs

Der Superlativ kann nicht nur die Höchststufe, sondern auch einen sehr hohen Grad bezeichnen. Diese Form nennt man **Elativ**.

Superlativ:	**vir fortissimus**	der **tapferste** Mann,
Elativ:	**vir fortissimus**	ein **sehr tapferer** Mann, ein **überaus tapferer** Mann.

quam mit Superlativ wird im Deutschen mit „möglichst" übersetzt:

quam celerrime   **möglichst** schnell

2.3.2 Die unregelmäßige Steigerung

Einige Adjektive bilden ihre Steigerung mit Stammwechsel.

Positiv	Komparativ	Superlativ
bonus (gut)	melior, melius	optimus
malus (schlecht)	peior, peius	pessimus
magnus (groß)	maior, maius	maximus
parvus (klein)	minor, minus	minimus
multi (viele)	plures, plura	plurimi
multum (viel)	plus	plurimum

Unregelmäßigkeiten weisen auch folgende Adjektive auf.

Positiv	Komparativ	Superlativ
vetus (alt)	vetustior	veterrimus
dives (reich)	divitior	divitissimus
ferus (wild)	ferocior	ferocissimus
magnificus (großartig)	magnificentior	magnificentissimus

Umschreibung von Komparativ und Superlativ

Adjektive auf -us/-a/-um mit vorhergehendem Vokal bilden selbst in der Regel keine Vergleichsstufen; daher muss umschrieben werden:
- Der Komparativ wird mit *magis* umschrieben.

  miles **magis** idoneus (ein geeigneterer Soldat, ein ziemlich geeigneter Soldat)

- Der Superlativ wird mit *maxime* umschrieben.

  vir **maxime** pius (der frömmste Mann, ein sehr frommer Mann)

2.3.3 Die unvollständige Steigerung

Einige Komparative und Superlative sind von Präpositionen (↑ S. 74 f.) abgeleitet. Zu diesen Steigerungsformen gibt es keinen Positiv.

Präposition	Komparativ	Superlativ
intra	interior (der innere)	intimus (der innerste)
extra	exterior (der äußere)	extremus (der äußerste)
infra	inferior (der untere)	infimus/imus (der unterste)
supra	superior (der obere)	supremus/summus (der höchste)
post	posterior (der spätere)	postremus (der letzte)
prope	propior (der nähere)	proximus (der nächste)
ultra	ulterior (der jenseitige)	ultimus (der entfernteste)

3 Das Adverb

Adverbien sind **Umstandswörter,** d.h., sie geben die näheren Umstände eines Geschehens oder einer Handlung an. Adverbien sind **unveränderlich** und werden deshalb nicht dekliniert.

BLICKPUNKT

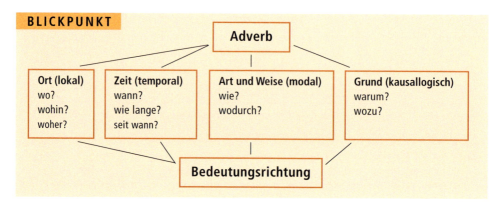

3.1 Die Bildung

3.1.1 Die regelmäßige Adverbbildung

Bildung

■ Die Adjektive der ā-/o-Deklination bilden das Adverb, indem sie an die Stelle der Genitivendung -ī die Endung -ē setzen.	longī: longē iustī: iustē pulchrī: pulchrē
■ Die Adjektive der konsonantischen Deklination setzen an die Stelle der Genitivendung -is die Endung -iter.	fortis: fortiter brevis: breviter
■ Die Adjektive der konsonantischen Deklination auf -ns bilden die Adverbform durch Anfügen von -nter an den Wortstock.	prudens: prudenter vehemens: vehementer
■ Die Adjektive auf -āns, -antis und -ēns, -entis bilden das Adverb durch Anfügen von -er an den Wortstock.	cōnstāns: cōnstanter

BESONDERS NÜTZLICH

Adverbien mit zwei Formen

Die Adjektive **vērus** (wahr) und **certus** (sicher) bilden zwei verschiedene Adverbformen mit unterschiedlicher Bedeutung:

vērē	⟷	vērō:	wirklich	⟷ aber, in der Tat
certō	⟷	certē:	zuverlässig, genau	⟷ sicherlich, wenigstens

3.2 Die Steigerung | 19

3.1.2 Besonderheiten der Adverbbildung

Manche Adverbien sind entstanden aus **erstarrten Kasusformen von Substantiven und Adjektiven** oder aus **Zusammensetzungen.** Sie können dann aussehen wie eine deklinierte Form, sind aber Adverbien.

Erstarrte Kasusformen von Substantiven und Adjektiven

■ **Nominative als Adverbien**

rūrsus (wieder)	frūstra (umsonst)	intus (drinnen)	satis (genug)

■ **Akkusative als Adverbien**

multum (viel)	nimium (zu sehr)	prīmum (zuerst)	nihil (gar nicht)
plūrimum (sehr viel)	potius (eher)	paulum (ein wenig)	prius (früher)
parum (zu wenig)	facile (leicht)	cēterum (übrigens)	dēmum (endlich)
tantum, sōlum (nur)			

■ **Ablative als Adverbien**

modo (nur, eben)	rārō (selten)	crēbrō (häufig)	diū (lange)
postrēmō (zuletzt)	subitō (plötzlich)	citō (schnell)	hodiē (heute)
prīmō (zuerst)	ultrō (von selbst)	omnīnō (überhaupt)	forte (zufällig)
cāsū (zufällig)	māgnopere (sehr)		

Zusammensetzungen

■ **präpositionale Verbindungen**

anteā (vorher, früher)	praetereā (außerdem)
posteā (nachher, später)	imprīmīs (besonders)
intereā (unterdessen)	obviam (entgegen)
proptereā (deswegen)	admodum (sehr, in hohem Maße)

■ **Verbindungen ursprünglich selbstständiger Wörter**

adeō (so sehr)	deinde (von da an, darauf)
interdum (manchmal)	cottīdiē (täglich)

3.2 Die Steigerung

Bildung

■ Der **Komparativ des Adverbs** wird mit der Endung **-ius** gebildet.

iūstius (gerechter, auf gerechtere Weise)

■ Der **Superlativ** des Adverbs wird gleich dem Superlativ des Adjektivs gebildet (↑ S. 15 f.) und hat die Endung **-ē**.

vēlōcissimē (am schnellsten, auf die schnellste Art)

Unregelmäßige Bildung

Adjektiv	Adverb	Komparativ	Superlativ
bonus (gut)	bene	melius	optimē
malus (schlecht)	male	peius	pessimē

FORMENLEHRE

4 Das Pronomen

Pronomen sind **Fürwörter**. Sie können ein Substantiv ersetzen (**substantivische Verwendung**) oder ein Substantiv begleiten (**adjektivische Verwendung**).

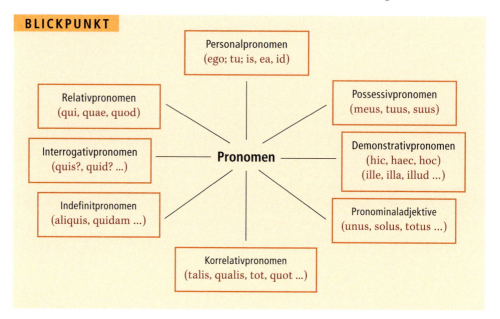

4.1 Das Personalpronomen

Das Personalpronomen ist ein **persönliches Fürwort**. Es kann Personen und Sachen ersetzen.

Deklination (1. und 2. Person)					
		1. Person		2. Person	
Singular	Nominativ	egō	(ich)	tū	(du)
	Genitiv	meī	(meiner)	tuī	(deiner)
	Dativ	mihi	(mir)	tibi	(dir)
	Akkusativ	mē	(mich)	tē	(dich)
	Ablativ	(ā) mē	([von] mir)	(ā) tē	([von] dir)
Plural	Nominativ	nōs	(wir)	vōs	(ihr)
	Genitiv	nostrī/ nostrum	(unser/ von uns)	vestrī/ vestrum	(euer/ von euch)
	Dativ	nōbīs	(uns)	vōbīs	(euch)
	Akkusativ	nōs	(uns)	vōs	(euch)
	Ablativ	(ā) nōbīs	([von] uns)	(ā) vōbīs	([von] euch)

4.2 Das Possessivpronomen | 21

FORMENLEHRE

Deklination (3. Person)

		3. Person (nicht reflexiv)		3. Person (reflexiv)	
Singular	Nominativ	is/ea/id	(er/sie/es)	–	
	Genitiv	eius	(seiner/ihrer/sei-ner)	suī	(seiner/ihrer)
				sibi	(sich)
	Dativ	eī	(ihm/ihr/ihm)	sē	(sich)
	Akkusativ	eum/eam/id	(ihn/sie/es)	(ā) sē	([von] sich)
	Ablativ	eō/eā/eō	([durch] ihn/sie/es)		
Plural	Nominativ	iī (eī)/eae/ea	(sie)	–	
	Genitiv	eōrum/eārum/eōrum	(ihrer)	suī	(ihrer)
	Dativ	iīs/eīs	(ihnen)	sibi	(sich)
	Akkusativ	eōs/eās/ea	(sie)	sē	(sich)
	Ablativ	iīs (eīs)	([durch] sie)	(ā) sē	([von] sich)

Gebrauch

- Im Nominativ steht das Personalpronomen nur, wenn es besonders betont werden soll.
- Die Genitivformen *nostrī, vestrī* sind Objektsgenitive (Genitivus obiectivus, ↑ S. 65).
- Die Genitivformen *nostrum, vestrum* sind Teilungsgenitive (Genitivus partitivus, ↑ S. 66).
- In der 3. Person steht eine Form von *is/ea/id*, wenn das Pronomen sich auf eine zuvor genannte Person oder Sache bezieht.
- Das **Reflexivpronomen** wird nur dann gebraucht, wenn sich das Personalpronomen auf das Subjekt des Satzes rückbezieht.

Ego laboro, tu dormis. (**Ich** arbeite, **du** schläfst.)
memoria **vestri** (die Erinnerung **an euch**)

Quis **nostrum?** (Wer **von uns?**)

Ei nocet. (Er schadet **ihm [jemand anderem].**)

Sibi nocet. (Er schadet **sich [selbst].**)

4.2 Das Possessivpronomen

Das Possessivpronomen ist ein **besitzanzeigendes Fürwort.** Es gibt an, wem etwas gehört, und steht als Attribut bei Substantiven.

Deklination

	1. Person	2. Person	3. Person (reflexiv)	3. Person (nicht reflexiv)
Singular	meus, -a, -um (mein)	tuus, -a, -um (dein)	suus, -a, -um (sein)	eius (sein, ihre, ↑ S. 22)
Plural	noster, nostra, nostrum (unser)	vester, vestra, vestrum (euer)	suus, -a, -um (ihr)	eōrum, eārum, eōrum (ihr, ↑ S. 22)

Gebrauch	
■ Das Possessivpronomen wird wie ein Adjektiv der ā-/o-Deklination gebildet. Es richtet sich in Kasus, Numerus und Genus nach seinem Bezugswort.	**meis** manibus (mit **meinen** [eigenen] Händen)
■ Das reflexive *suus, -a, -um* wird verwendet, wenn es sich auf das Subjekt des Satzes bezieht.	Pater filios **suos** monet. (Der Vater ermahnt **seine** [eigenen] Söhne.)
■ Bezieht sich das Pronomen nicht auf das Subjekt, so steht der Genitiv des Pronomens *is/ea/id* (↑ s. u.).	Pater filios **eius** monet. (Der Vater ermahnt **dessen** [eines anderen] Söhne.)

4.3 Das Demonstrativpronomen

Das Demonstrativpronomen weist auf eine Person oder eine Sache hin. Es kann **substantivisch** oder **adjektivisch** verwendet werden.

4.3.1 is/ea/id (dieser/diese/dieses) und īdem/eădem/ĭdem (derselbe/dieselbe/dasselbe)

Deklination

	Singular			Plural		
Nominativ	is	ea	id	iī (eī)	eae	ea
Genitiv		eius		eōrum	eārum	eōrum
Dativ		eī			iīs (eīs)	
Akkusativ	eum	eam	id	eōs	eās	ea
Ablativ	eō	eā	eō		iīs (eīs)	

Deklination

	Singular			Plural		
Nominativ	īdem	eădem	ĭdem	(i)īdem (eīdem)	eaedem	eădem
Genitiv		eiusdem		eōrundem	eārundem	eōrundem
Dativ		eīdem			(i)īsdem/(eīsdem)	
Akkusativ	eundem	eandem	ĭdem	eōsdem	eāsdem	eădem
Ablativ	eōdem	eădem	eōdem		(i)īsdem/(eīsdem)	

4.3 Das Demonstrativpronomen | 23

Bedeutung und Funktion

- *is/ea/id* (dieser/diese/dieses; er/sie/es; der/die/das) weist auf eine vorab genannte Sache oder Person hin.

- *īdem/eădem/īdem* (derselbe/dieselbe/dasselbe) ist eine Zusammensetzung von *is/ea/id* und der Partikel *-dem*.

is vir (**dieser** Mann)

eădem atque (**dieselbe** wie)

BESONDERS NÜTZLICH

Die verschiedenen Funktionen von is/ea/id

- Demonstrativpronomen (hinweisendes Fürwort, ↑ S. 22): **dieser / diese / dieses**
  is miles (**dieser** Soldat);

- Personalpronomen (persönliches Fürwort, ↑ S. 20): **er / sie / es**
  quis **eum** vidit? (wer hat **ihn** gesehen?);

- Possessivpronomen (besitzanzeigendes Fürwort, ↑ S. 21): die Genitivformen **sein / ihr**
  Marcus gladium **eius** invenit. (Markus hat **sein / dessen** Schwert gefunden.).

4.3.2 hic/haec/hoc (dieser/diese/dieses) und ille/illa/illud (jener/jene/jenes)

Deklination

	Singular			Plural		
Nominativ	hic	haec	hoc	hī	hae	haec
Genitiv		hūius		hōrum	hārum	hōrum
Dativ		huĭc			hīs	
Akkusativ	hunc	hanc	hoc	hōs	hās	haec
Ablativ	hōc	hāc	hōc		hīs	

Deklination

	Singular			Plural		
Nominativ	ille	illa	illud	illī	illae	illa
Genitiv		illīus		illōrum	illārum	illōrum
Dativ		illī			illīs	
Akkusativ	illum	illam	illud	illōs	illās	illa
Ablativ	illō	illā	illō		illīs	

FORMENLEHRE

24	4 Das Pronomen

Bedeutung und Funktion

- *hic/haec/hoc* (dieser [hier]/diese [hier]/dieses [hier]) bezeichnet etwas Eigenes, Nahes, Folgendes.
- *ille/illa/illud* (jener/jene/jenes) verweist auf Fernes, Vergangenes sowie auf berühmte Ereignisse und Personen.

haec urbs (**diese [meine]** Stadt)
haec dixit (Er sagte **dies [Folgendes]**)
illa tempora (**jene** Zeiten **[damals]**)
illa Medea (**jene [berühmte]** Medea)

- *iste/ista/istud* (dieser [da]/diese [da]/dieses [da]) wird dekliniert wie *ille* und bezeichnet eine Person oder Sache, die dem Angesprochenen nahe ist. Es wird oft in negativem Sinn gebraucht.
- *ipse/ipsa/ipsum* (selbst) folgt in der Deklination *ille/illa/illud*. Es wird oft adverbiell mit „gerade", „genau", „unmittelbar" übersetzt.

Ista epistula me delectavit.
(**Dieser** Brief hat mich erfreut.)
iste homo (**dieser** Kerl **da**)

hac **ipsa** nocte (gerade **in dieser Nacht**)

4.4 Das Relativpronomen

Deklination

	Singular			Plural		
Nominativ	quī	quae	quod	quī	quae	quae
Genitiv		cuius		quōrum	quārum	quōrum
Dativ		cui			quibus	
Akkusativ	quem	quam	quod	quōs	quās	quae
Ablativ	quō	quā	quō		quibus	

Bedeutung und Funktion

- Das Relativpronomen *qui/quae/quod* (der/die/das) leitet einen Nebensatz ein. Es richtet sich in Numerus und Genus nach seinem Bezugswort, den Kasus bestimmt wie im Deutschen die Konstruktion des Relativsatzes (↑ S. 98 f.).
- Das verallgemeinernde Relativpronomen bildet man, indem *-cumque* angehängt wird.

  Es kann sowohl substantivisch als auch adjektivisch verwendet werden.

Liber, **quem** legi, bonus est.
(Das Buch, **das** ich gelesen habe, ist gut.)

qui**cumque**/quae**cumque**/quod**cumque**
(wer auch immer [jeder, der]/was auch immer [alles, was])
Quodcumque discis, tibi proderit.
(Alles, was du lernst, wird dir nützen.)
Quicumque puer sedulus est, laudatur.
(Jeder Junge, der fleißig ist, wird gelobt.)

4.5 Das Interrogativpronomen

Das Interrogativpronomen wird auch als **Fragepronomen** bezeichnet. Es kann **substantivisch** oder **adjektivisch** verwendet werden, je nachdem, ob es allein steht oder nicht.

Wie im Deutschen bildet das Interrogativpronomen bei substantivischer Verwendung **keinen** Plural.
Es leitet unabhängige (↑ S. 98) und abhängige Fragesätze (↑ S. 98) ein. Man fragt mit: wer?, was?.

Deklination (substantivisch)

	Singular	
Nominativ	quis?	quid?
Genitiv	cūius?	
Dativ	cui?	
Akkusativ	quem?	quid?
Ablativ	quō? / quōcum?	

Deklination (adjektivisch)

	Singular			Plural		
Nominativ	quī?	quae?	quod?	quī?	quae?	quae?
Genitiv		cūius?		quōrum?	quārum?	quōrum?
Dativ		cui?			quibus?	
Akkusativ	quem?	quam?	quod?	quōs?	quās?	quae?
Ablativ	quō?	quā?	quō?		quibus?	

Gebrauch

- Wie im Deutschen auch, gibt es einen **substantivischen** und einen **adjektivischen** Gebrauch des Interrogativpronomens:
- *quis?* / *quid?* (wer?/was?) ist **substantivisch,**
- *qui?* / *quae?* / *quod?* (welcher?/welche?/welches?) ist **adjektivisch.**

Quid feci? (Was habe ich getan?)
Quae femina fecit? (Welche Frau hat das getan?)

- Gelegentlich ist das Interrogativpronomen durch das Suffix -*nam* verstärkt.

- Die Präposition *cum* kann im Ablativ direkt angehängt werden.

Quisnam? (Wer denn?)
Quaenam puella? (Welches Mädchen denn?)
Quocum? (Mit wem?)
Quibuscum amicis? (Mit welchen Freunden?)

26 | 4 Das Pronomen

4.6 Das Indefinitpronomen

Das Indefinitpronomen gibt eine Sache oder Person an, die **nicht genauer bestimmt** ist.

4.6.1 aliquis/aliquid (irgendjemand/irgendetwas) und aliqui/aliqua/aliquod (irgendein/irgendeine/irgendein)

Das Indefinitpronomen *aliquis/aliquid* bildet bei substantivischer Verwendung ebenso wie das Interrogativpronomen **keinen** Plural.

Deklination

	Singular	
Nominativ	aliquis	aliquid
Genitiv		alicuius
Dativ		alicui
Akkusativ	aliquem	aliquid
Ablativ		aliquō

Deklination

	Singular			Plural		
Nominativ	aliquī	aliqua	aliquod	aliquī	aliquae	aliqua
Genitiv		alicuius		aliquōrum	aliquārum	aliquōrum
Dativ		alicui			aliquibus	
Akkusativ	aliquem	aliquam	aliquod	aliquōs	aliquās	aliqua
Ablativ	aliquō	aliquā	aliquō		aliquibus	

Bedeutung und Gebrauch

Die Formen *aliquis/aliquid* (irgendjemand/irgendetwas) werden **substantivisch,** *aliqui/aliqua/aliquod* (irgendein/irgendeine/irgendetwas) werden **adjektivisch** verwendet.
Nach verneinten Sätzen steht eine Form von
- *quisquam/quidquam* (irgendeiner/irgendetwas) bei **substantivischer** Verwendung.
- *ullus/ulla/ullum* (irgendein/irgendeine/irgendein) bei **adjektivischem** Gebrauch.
- *quisquam/quidquam* wird dekliniert wie *quis/quid* (↑ S. 25).

Aliquis vocavit. (**Irgendjemand** hat gerufen.)

Aliqui amicus venit. (**Irgendein** Freund ist gekommen.)

Neque **quisquam** eum audivit. (Und niemand [und nicht irgendeiner] hat ihn gehört.)
sine **ulla** dubitatione (ohne **irgendeinen** Zweifel)

- Die Silbe *ali-* entfällt nach folgenden Konjunktionen: *si* (wenn)/*nisi* (wenn nicht)/ *ne* (dass nicht)/*num* (etwa).

Si **quid** audivisset, mihi dixisset. (Wenn er **irgendetwas** gehört hätte, hätte er es mir gesagt.)

4.6 Das Indefinitpronomen | 27

4.6.2 quīdam/quaedam/quiddam (ein bestimmter/ eine bestimmte/ein bestimmtes) und quīdam/ quaedam/quoddam

Deklination

Singular	Nominativ	quīdam	quaedam	quiddam/quoddam
	Genitiv		cuiusdam	
	Dativ		cuidam	
	Akkusativ	quendam	quandam	quiddam/quoddam
	Ablativ	quōdam	quādam	quōdam
Plural	Nominativ	quīdam	quaedam	quaedam
	Genitiv	quōrundam	quārundam	quōrundam
	Dativ		quibusdam	
	Akkusativ	quōsdam	quāsdam	quaedam
	Ablativ		quibusdam	

Bedeutung und Gebrauch

quīdam/quaedam/quiddam (ein gewisser/ ein bestimmter) ist **substantivisch**, *quīdam/quaedam/quoddam* **adjektivisch**.

quīdam narrant (**einige** erzählen)

quoddam tempus fuit, cum ... (Es gab eine bestimmte Zeit, als ...)

Weitere Indefinitpronomen

Wie *quis/quid* (↑ S. 25) oder *qui/quae/quod* (↑ S. 24) werden dekliniert:
- *quisque/quidque* (jeder [einzelne]),
- *quivis/quaevis/quidvis* (jeder beliebige),
- *quilibet/quaelibet/quidlibet* (jeder beliebige).

4.6.3 nēmō (niemand)/nihil (nichts)/nūllus (kein)

	substantivische Verwendung		adjektivische Verwendung		
Nominativ	nēmō	nihil	nūllus	nūlla	nūllum
Genitiv	**nūllīus**	**nūllīus reī**		nūllīus	
Dativ	nēminī	**nūllī reī**		nūllī	
Akkusativ	nēminem	nihil	nūllum	nūllam	nūllum
Ablativ	**ā nūllō**	**nūllā rē**	nūllō	nūllā	nūllō

Bedeutung und Gebrauch

nēmō (niemand) und *nihil* (nichts) können nicht alle Kasusformen bilden. Als Ersatz werden Formen des Pronominaladjektivs *nūllus, -a, -um* (↑ S. 28) gebraucht.

Nullius memini. (Ich erinnere mich **an niemanden**.)
A nullo admonitus est. (Er wurde **von niemandem** ermahnt.)

FORMENLEHRE

4 Das Pronomen

> ### BESONDERS NÜTZLICH
>
> **qui/quae/quod als Relativ-, Interrogativ- und Indefinitpronomen**
>
> Die Formen von **qui/quae/quod** werden im Deutschen unterschiedlich wiedergegeben, je nachdem, welche Aufgabe sie erfüllen.
>
> - **Relativpronomen**
>   Vir, **cui** hanc epistulam do, Marcus est. (Der Mann, **dem** ich diesen Brief gebe, ist Markus.)
>
> - **Interrogativpronomen**
>   **Cui** viro hanc epistulam das? (**Welchem** Mann gibst du diesen Brief?)
>
> - **Indefinitpronomen**
>   Si **qui** servus tibi epistulam dat, monstra mihi eam! (Wenn dir **irgendein** Sklave einen Brief gibt, zeige ihn mir! ↑ S. 26)

4.7 Das Korrelativpronomen

Korrelativpronomen sind Fürwörter, die aufeinander bezogen sind. Mit Korrelativpronomen können Vergleiche angestellt werden.

Demonstrativpronomen	Relativ-/Interrogativpronomen	Indefinitpronomen
talis, -e (so beschaffen)	*qualis* (wie [beschaffen])	
totiens (so oft)	*quotiens* (wie oft)	
tantus, -a, -um (so groß)	*quantus, -a, -um* (wie [groß])	*aliquantus, -a, -um* (ziemlich groß)
tantum (so viel)	*quantum* (wie viel)	*aliquantum* (ziemlich viel)
tot (so viele)	*quot* (wie [viele])	*aliquot* (ziemlich viele)

4.8 Das Pronominaladjektiv

Einige Adjektive heißen Pronominaladjektive, weil sie teils die Endungen von Pronomen haben und diesen auch ihrer Bedeutung nach nahestehen.

ūnus, -a, -um (einer, einzig)	*tōtus, -a, -um* (ganz)
ūllus, -a, -um (irgendeiner)	*uter, utra, utrum* (wer von beiden)
nūllus, -a, -um (keiner)	*uterque, utraque, utrumque* (jeder von beiden)
sōlus, -a, -um (allein)	*neuter, neutra, neutrum* (keiner von beiden)
alius, alia, aliud (ein anderer [von vielen])	*alter, altera, alterum* (der eine, der andere [von zweien])

5 Das Numerale

BLICKPUNKT

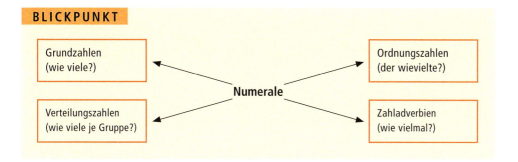

Deklination und Gebrauch

- Die **Ordnungszahlen** sind alle deklinierbar nach der *a-/o*-Deklination (↑ S. 6 f.).
- Anders als im Deutschen stehen bei der Angabe von Jahreszahlen immer die Ordnungszahlen.

filia secunda (die zweite Tochter)
horā nōnā (zur neunten Stunde)
annō mīllēsimō octingentēsimō (im Jahre 1800)
anno post Christum natum sescentesimo (im Jahre 600 nach Christus)

- Von den Grundzahlen sind nur deklinierbar:
  – die Einer,
  – die Vielfachen von Hundert,
  – die Vielfachen von Tausend ab 2000.
- Die Tausender verbinden sich im Plural mit dem Genitiv.

ūnus, -a, -um; duo, duae, duo; trēs, trēs, tria
z. B. trēcentī, -ae, -a
z. B. tria mīlia
mille viri (tausend Männer)
tria mīlia virorum (dreitausend Männer)

Deklination

	ūnus			duo		
Nominativ	ūnus	ūna	ūnum	duo	duae	duo
Genitiv		ūnīus		duōrum	duārum	duōrum
Dativ		ūnī		duōbus	duābus	duōbus
Akkusativ	ūnum	ūnam	ūnum	duōs	duās	duo
Ablativ	ūnō	ūnā	ūnō	duōbus	duābus	duōbus

Deklination

	trēs			mīlia
Nominativ	trēs	trēs	tria	mīlia
Genitiv		trium		mīlium
Dativ		tribus		mīlibus
Akkusativ	trēs	trēs	tria	mīlia
Ablativ		tribus		mīlibus

5.1 Die Grund- und Ordnungszahlen

Ziffer		Grundzahl	Ordnungszahl
I	1	ūnus, -a, -um	prīmus, -a, -um
II	2	duo, duae, duo	secundus *oder* alter, -a, -um
III	3	trēs, tres, tria	tertius
IV	4	quattuor	quārtus
V	5	quīnque	quīntus
VI	6	sex	sextus
VII	7	septem	septimus
VIII	8	octō	octāvus
IX	9	novem	nōnus
X	10	decem	decimus
XI	11	ūndecim	ūndecimus
XII	12	duodecim	duodecimus
XIII	13	trēdecim	tertius decimus
XIV	14	quattuordecim	quārtus decimus
XV	15	quīndecim	quīntus decimus
XVI	16	sēdecim	sextus decimus
XVII	17	septendecim	septimus decimus
XVIII	18	duodēvīgintī	duodevīcesimus
XIX	19	ūndevīgintī	ūndēvīcesimus
XX	20	vīgintī	vīcēsimus
XXI	21	vīgintī ūnus oder ūnus et vīgintī	vīcēsimus prīmus *oder* prīmus et vīcēsimus
XXX	30	trīgintā	trīcēsimus
XL	40	quadrāgintā	quadrāgēsimus
L	50	quīnquāgintā	quīnquāgēsimus
LX	60	sexāgintā	sexāgēsimus
LXX	70	septuāgintā	septuāgēsimus
LXXX	80	octōgintā	octōgēsimus
XC	90	nōnāgintā	nōnāgēsimus
C	100	centum	centēsimus
CC	200	ducentī, -ae, -a	ducentēsimus
CCC	300	trecentī	trecentēsimus
CCCC	400	quadringentī	quadringentēsimus
D	500	quīngentī	quīngentēsimus
DC	600	sescentī	sescentēsimus
DCC	700	septingentī	septingentēsimus
DCCC	800	octingentī	octingentēsimus
CM	900	nōngentī	nōngentēsimus
M	1000	mīlle	mīllēsimus
MM	2000	duo mīlia	bis mīllēsimus

| | 5.2 Verteilungszahlen und Zahladverbien | 31 |

BESONDERS NÜTZLICH

Die Bildung der Grund- und Ordnungszahlen

Folgende Bildungselemente sind kennzeichnend:

		bei Grundzahlen:	bei Ordnungszahlen:
■	für Zehner:	-gintī; -gintā	-cēsimus; -gēsimus
■	für Hunderter:	-centī; -gentī	-centēsimus; -gentēsimus

5.2 Verteilungszahlen und Zahladverbien

Zahl	Verteilungszahlen	Zahladverbien
1	singulī, -ae, -a (je einer)	semel (einmal)
2	bīnī (je zwei)	bis (zweimal)
3	ternī (je drei)	ter (dreimal)
4	quaternī (je vier)	quater (viermal)
5	quīnī (je fünf)	quinquiēs (fünfmal)
10	dēnī (je zehn)	deciēs (zehnmal)
100	centēni (je hundert)	centiēs (hundertmal)

BESONDERS NÜTZLICH

Der römische Kalender (julianischer Kalender)

Jahresangaben können auf zwei Arten erfolgen:
- durch Nennung der beiden amtierenden Konsuln: Pompeio et Crasso consulibus = 70 v. Chr.
- durch Hinweis auf ein Ereignis: ab urbe condita (a.u.c.) = seit Gründung der Stadt, also seit 753 v. Chr.

Monatsbezeichnungen
Ianuarius, Februarius, Martius, Aprilis, Maius, Iunius, Iulius, Augustus, September, October, November, December.
Der Wortart nach sind sie Adjektive:
mensis Februarius ([Monat] Februar)
mense Aprili (im [Monat] April)

Bestimmungstage: Jeder Monat hat drei besonders bezeichnete Tage, nach denen alle übrigen Monatstage berechnet werden:
Kalendae, -arum (f.) (Kal.):die Kalenden, 1.Tag des Monats
Nonae, -arum (f.) (Non.):   die Nonen, 5. Tag des Monats
Idus, -uum (f.) (Id.):   die Iden, 13. Tag des Monats
Ausnahmen in den Monaten März, Mai, Juli, Oktober:
Nonae, -arum (f.): 7. Tag des Monats; Idus, -uum (f.): 15. Tag des Monats.

Berechnung von Daten: Um einen konkreten Tag zu errechnen, wird von dem nächstfolgenden Bestimmungstag aus zurückgezählt, wobei Anfangs- und Endtag mitgezählt werden:
ante diem sextum Idus Octobres (a.d. VI. Id. Oct.) = 10. Oktober
ante diem duodevicesimum Kalendas Maias (a.d. XVIII. Kal. Mai.) = 14. April
ante diem sextum Nonas Maias (a.d. VI. Non. Mai.) = 2. Mai

6 Das Verb

Verben sind **Tätigkeitswörter,** die eine Handlung oder ein Geschehen ausdrücken, und zwar in verschiedenen Zeiten (Tempora). Verben werden deshalb auch „Zeitwörter" genannt.

BLICKPUNKT

Die Stämme des Verbs

Man unterscheidet **drei Stämme** eines Verbs. Von diesen Stämmen werden alle Verbformen im Aktiv oder Passiv (↑ S. 38 ff.), im Indikativ oder Konjunktiv (↑ S. 38 ff.) gebildet. Dazu werden an den Stamm die entsprechenden Endungen gehängt.

Präsensstamm (mone-)	**Perfektstamm** (monu-)	**Partizipialstamm** (monit-)
Aktiv/Passiv: Präsens (mone-o)	**Aktiv: Perfekt** (monu-i)	**Passiv: Perfekt** (monitus, -a, -um sum)
Imperfekt (mone-bam)	**Plusquamperfekt** (monu-eram)	**Plusquamperfekt** (monitus, -a, -um eram)
Futur I (mone-bo)	**Futur II** (monu-ero)	**Futur II** (monitus, -a, -um ero)

6.1 Die Konjugationen

Die **Formveränderung** (Flexion) eines Verbs bezeichnet man als Konjugation: Verben werden konjugiert. Je nach Auslaut des Präsensstamms werden **vier regelmäßige Konjugationen** (Konjugationsklassen) unterschieden.

Die regelmäßigen Konjugationen

	Präsensstamm	Infinitiv
ā-Konjugation	laudā-	laudā-re
ē-Konjugation	monē-	monē-re
i-Konjugation	audī-	audī-re
konsonantische Konjugation	reg-	reg-ĕ-re

Die Kurz-i-Konjugation

Bei einigen Verben endet der Präsensstamm mit **kurzem -i.** Diese Verben werden bisweilen der konsonantischen Konjugation zugeordnet, bisweilen auch als eigene Konjugation bezeichnet: die Kurz-i-Konjugation.

Präsensstamm: capi-
1. Person Sg.:   capi-o
Infinitiv: capĕre

6.2 Das Verbum infinitum

Infinite, d.h. **unveränderliche Verbformen** (Nominalformen) sind Verben, die nicht durch Personenzeichen oder Personalendungen näher bestimmt sind.

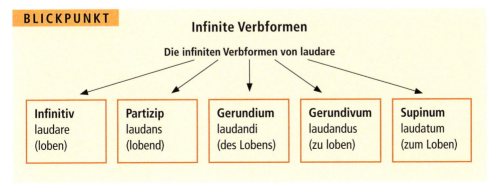

6.2.1 Der Infinitiv

Bildung

- Der **Infinitiv Präsens Aktiv** ist durch die Endung *-re* gekennzeichnet.
- Beim **Infinitiv Präsens Passiv** wird die Endung *-ri* bzw. *-i* an den Präsensstamm angehängt.
- Beim **Infinitiv Perfekt Aktiv** wird die Endung *-isse* an den Perfektstamm gehängt.
- Der **Infinitiv Perfekt Passiv** wird aus dem **Partizip Perfekt Passiv** (PPP, ↑ S. 34) und dem Infinitiv *esse* gebildet.
- Der **Infinitiv Futur Aktiv** wird aus dem **Partizip Futur Aktiv** (PFA, ↑ S. 35) und dem Infinitiv *esse* gebildet.
- Der **Infinitiv Futur Passiv** wird aus dem **Supinum I** (↑ S. 36) und der Form *iri* gebildet.

	ā-Konjugation	ē-Konjugation	i-Konjugation	konsonantische Konjugation	Kurz-i-Konjugation
Aktiv Präsens Perfekt Futur	laudā-**re** laudāv-**isse** laudāt**urum** **esse**	monē-**re** monu-**isse** monit**urum** **esse**	audī-**re** audīv-**isse** audīt**urum** **esse**	reg-ĕ-**re** rēx-**isse** rēct**urum** **esse**	capĕ-**re** cēp-**isse** capt**urum** **esse**
Passiv Präsens Perfekt Futur	laudā-**rī** laudāt**um esse** laudāt**um īrī**	monē-**rī** monit**um esse** monit**um īrī**	audī-**rī** audīt**um esse** audīt**um īrī**	reg-**ī** rēct**um esse** rēct**um īrī**	cap-**ī** capt**um esse** capt**um īrī**

6.2.2 Das Partizip

Das Partizip Präsens Aktiv (PPA)

Bildung

- Das **P**artizip **P**räsens **A**ktiv (PPA) endet im Nominativ Singular auf *-ns*. In allen anderen Kasusformen hat es das Kennzeichen *-nt*.
- Das PPA wird nach der **gemischten Deklination** (↑ S. 10) dekliniert. Maskulinum und Femininum haben die gleichen Formen.

	ā-Konjugation	ē-Konjugation	i-Konjugation	konsonantische Konjugation	Kurz-i-Konjugation
Partizip Präsens Aktiv	laudā-ns, -ntis (lobend)	monē-ns, -ntis (mahnend)	audi-ē-ns, -ntis (hörend)	reg-ē-ns, -ntis (lenkend)	capi-ē-ns, -ntis (fangend)

Deklination

	Singular		Plural	
	Maskulinum/Femininum	Neutrum	Maskulinum/Femininum	Neutrum
Nominativ	laudā-ns		lauda-nt-es	lauda-nt-ia
Genitiv	lauda-nt-is		lauda-nt-ium	
Dativ	lauda-nt-i		lauda-nt-ibus	
Akkusativ	lauda-nt-em	laudā-ns	lauda-nt-es	lauda-nt-ia
Ablativ	lauda-nt-e		lauda-nt-ibus	

Das Partizip Perfekt Passiv (PPP)

Bildung

- Bei der Bildung des **Partizip Perfekt Passiv (PPP)** kann der Präsensstamm beibehalten oder auf verschiedene Weise lautlich verändert werden. Deshalb wird das PPP bei den Stammformen (↑ S. 55 ff.) als vierte Form aufgeführt.
- Das PPP wird dekliniert wie die Adjektive der *a-/o*-Deklination (↑ S. 6 ff.).

	ā-Konjugation	ē-Konjugation	i-Konjugation	konsonantische Konjugation	Kurz-i-Konjugation
Partizip Perfekt Passiv	laudātus, -a, -um (gelobt)	monitus, -a, -um (gemahnt)	audītus, -a, -um (gehört)	rēctus, -a, -um (gelenkt)	captus, -a, -um (gefangen)

6.2 Das Verbum infinitum | 35

Das Partizip Futur Aktiv (PFA)

Bildung

- Das **Partizip Futur Aktiv (PFA)** wird vom Partizip Perfekt Passiv abgeleitet: An den Stamm, mit dem auch das PPP gebildet wird, tritt *-urus, -a, -um.*
- Es wird wie die Adjektive der ā- und o-Deklination dekliniert (↑ S. 6 ff.).

	ā-Konjugation	ē-Konjugation	i-Konjugation	konsonantische Konjugation	Kurz-i-Konjugation
Partizip Futur Aktiv	laudāt**ūrus**, -a, -um (einer, der loben wird)	monit**ūrus**, -a, -um (einer, der mahnen wird)	audīt**ūrus**, -a, -um (einer, der hören wird)	rēct**ūrus**, -a, -um (einer, der lenken wird)	capt**ūrus**, -a, -um (einer, der fangen wird)

6.2.3 Gerundium und Gerundivum

Das Gerundium

Bildung

- Das Gerundium (↑ S. 83 f.) ist ein Verbalsubstantiv und ersetzt die fehlenden Kasus beim substantivierten Infinitiv Präsens Aktiv.
- Da es für den Nominativ keine eigene Form gibt, wird stattdessen der Infinitiv verwendet.
- Das Gerundium wird aus dem Präsensstamm, dem Kennzeichen *-nd* und den Endungen des Singulars der o-Deklination gebildet.
- Bei der i-Konjugation, der konsonantischen Konjugation und der Kurz-i-Konjugation wird der Präsensstamm durch den Bindevokal *-e* erweitert.

Deklination

	ā-Konjugation		ē-Konjugation
Nominativ	(laudare)		(monere)
Genitiv	lauda-**nd**-i	(des Lobens)	mone-**nd**-i
Dativ	lauda-**nd**-o	(dem Loben)	mone-**nd**-o
Akkusativ	ad lauda-**nd**-um	(zum Loben)	ad mone-**nd**-um
Ablativ	lauda-**nd**-o	(durch das Loben)	mone-**nd**-o

Deklination

	i-Konjugation	konsonantische Konjugation	Kurz-i-Konjugation
Nominativ	(audire)	(regere)	(capere)
Genitiv	audi-e-**nd**-i	reg-e-**nd**-i	capi-e-**nd**-i
Dativ	audi-e-**nd**-o	reg-e-**nd**-o	capi-e-**nd**-o
Akkusativ	ad audi-e-**nd**-um	ad reg-e-**nd**-um	ad capi-e-**nd**-um
Ablativ	audi-e-**nd**-o	reg-e-**nd**-o	capi-e-**nd**-o

FORMENLEHRE

Das Gerundivum

Bildung

- Das Gerundivum (↑ S. 84) ist ein von einem Verb abgeleitetes Adjektiv (**Verbaladjektiv**). Wie ein Adjektiv kann das Gerundivum **dekliniert** werden.
- Das Gerundivum wird, wie das Gerundium, aus dem Präsensstamm, dem Kennzeichen *-nd-* und der Endung *-us, -a, -um* gebildet.
- Bei der i-Konjugation und der konsonantischen Konjugation wird der Präsensstamm durch den Bindevokal *-e* erweitert.
- Das Gerundivum wird dekliniert wie die Adjektive der ā- und o-Deklination (↑ S. 6 ff.).

	ā-Konjugation	ē-Konjugation	i-Konjugation	konsonantische Konjugation	Kurz-i-Konjugation
Gerun-divum	lauda-**nd-us**, -a, -um (ein zu Lobender; einer, der gelobt werden muss)	mone-**nd-us**, -a, -um	audi-e-**nd-us**, -a, -um	reg-e-**nd-us**, -a, -um	capi-e-**nd-us**, -a, -um

6.2.4 Das Supinum

Bildung und Gebrauch

- Das Supinum ist ein **Verbalsubstantiv**, abgeleitet vom Partizipialstamm (↑ S. 44), das nur in zwei Kasusformen vorkommt.
- Das **Supinum I** steht nach Verben der Bewegung *(ire, venire, mittere)* und bezeichnet ein Ziel oder einen Zweck. Es wird übersetzt mit „um … zu".
- Das **Supinum II** findet sich nur in bestimmten Wendungen und wird übersetzt mit „zu".

Supinum I: -um   laudatum
Supinum II: -u   laudatu
salutatum ire (gehen, um zu begrüßen)
Legati auxilium postulatum venerunt. (Die Gesandten kamen, um Hilfe anzufordern.)
facile factu (leicht zu tun)
Quod fecisti, horribile est dictu. (Was du getan hast, ist schrecklich zu sagen.)

	ā-Konjugation	ē-Konjugation	i-Konjugation	konsonantische Konjugation	Kurz-i-Konjugation
Supinum I	laudā**tum**	moni**tum**	audī**tum**	rēc**tum**	cap**tum**
Supinum II	laudā**tu**	moni**tu**	audī**tu**	rēc**tu**	cap**tu**

6.3 Das Verbum finitum

Als finite Verbformen bezeichnet man Verben mit **Formveränderungen**.

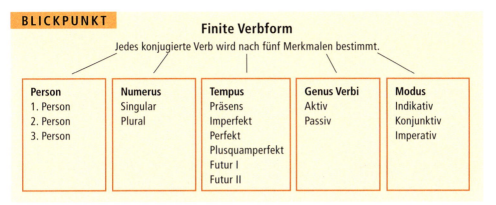

6.3.1 Die Personalformen des Präsensstamms

Mit dem Präsensstamm werden Präsens, Imperfekt und Futur I sowie der Imperativ gebildet.

BLICKPUNKT			
Bildung der Verbformen			
Präsensstamm			**Personalendung** (Aktiv/Passiv)
laudā			+ s
Präsensstamm	**Kennzeichen** (z. B. Tempuszeichen)		**Personalendung** (Aktiv/Passiv)
laudā	+ ba		+ m
In manchen Formen tritt nach dem Präsensstamm ein Bindevokal hinzu.			
Präsensstamm	**Bindevokal**	**Kennzeichen**	**Personalendung**
audi	+ e	+ ba	+ t
reg	+ u		+ nt

Dazu kommen im Indikativ wie im Konjunktiv aller Zeiten folgende **Personalendungen**:

	Aktiv		Passiv	
Singular				
1. Person	-o/-m	(ich)	or/-r	(ich)
2. Person	-s	(du)	-ris	(du)
3. Person	-t	(er/sie/es)	-tur	(er/sie/es)
Plural				
1. Person	-mus	(wir)	-mur	(wir)
2. Person	-tis	(ihr)	-mini	(ihr)
3. Person	-nt	(sie)	-ntur	(sie)

38	6 Das Verb

Indikativ Präsens

Bildung

An den **Präsensstamm** werden die **Personalendunge**n gehängt. Bei der 3. Person Plural kann dabei der Bindevokal -u hinzutreten.

Konjugation

	ā-Konjugation		ē-Konjugation
Aktiv	laud-ō	(ich lobe)	mone-ō
	laudā-s	(du lobst)	monē-s
	lauda-t	(er/sie/es lobt)	mone-t
	laudā-mus	(wir loben)	monē-mus
	laudā-tis	(ihr lobt)	monē-tis
	lauda-nt	(sie loben)	mone-nt
Passiv	laud-or	(ich werde gelobt)	mone-or
	laudā-ris	(du wirst gelobt)	monē-ris
	laudā-tur	(er/sie/es wird gelobt)	monē-tur
	laudā-mur	(wir werden gelobt)	monē-mur
	laudā-minī	(ihr werdet gelobt)	monē-minī
	lauda-ntur	(sie werden gelobt)	mone-ntur

Konjugation

	i-Konjugation	konsonantische Konjugation	Kurz-i-Konjugation
Aktiv	audi-ō	reg-ō	capi-ō
	audī-s	reg-i-s	capi-s
	audi-t	reg-i-t	capi-t
	audī-mus	reg-i-mus	capi-mus
	audī-tis	reg-i-tis	capi-tis
	audi-u-nt	reg-u-nt	capi-u-nt
Passiv	audi-or	reg-or	capi-or
	audī-ris	reg-ĕ-ris	capĕ-ris
	audī-tur	reg-i-tur	capi-tur
	audī-mur	reg-i-mur	capi-mur
	audī-minī	reg-i-minī	capi-minī
	audi-u-ntur	reg-u-ntur	capi-u-ntur

Konjunktiv Präsens

Bildung

Im Konjunktiv Präsens steht meist das Bildungselement -a. In der ā-Konjugation wechselt -a nach -e.

Konjugation

	ā-Konjugation		ē-Konjugation
Aktiv	laude-m	(ich möge loben)	mone-a-m
	laudē-s	(du mögest loben)	mone-ā-s
	laude-t	(er/sie/es möge loben)	mone-a-t
	laudē-mus	(wir mögen loben)	mone-ā-mus
	laudē-tis	(ihr möget loben)	mone-ā-tis
	laude-nt	(sie mögen loben)	mone-a-nt

6.3 Das Verbum finitum | 39

FORMENLEHRE

Konjugation (Fortsetzung)

	ā-Konjugation		ē-Konjugation
Passiv	laude-r	(ich möge gelobt werden)	mone-a-r
	laudē-ris	(du mögest gelobt werden)	mone-ā-ris
	laudē-tur	(er/sie/es möge gelobt werden)	mone-ā-tur
	laudē-mur	(wir mögen gelobt werden)	mone-ā-mur
	laudē-minī	(ihr möget gelobt werden)	mone-ā-minī
	laude-ntur	(sie mögen gelobt werden)	mone-a-ntur

Konjugation

	i-Konjugation	konsonantische Konjugation	Kurz-i-Konjugation
Aktiv	audi-a-m	reg-a-m	capi-a-m
	audi-ā-s	reg-ā-s	capi-ā-s
	audi-a-t	reg-a-t	capi-a-t
	audi-ā-mus	reg-ā-mus	capi-ā-mus
	audi-ā-tis	reg-ā-tis	capi-ā-tis
	audi-a-nt	reg-a-nt	capi-a-nt
Passiv	audi-a-r	reg-a-r	capi-a-r
	audi-ā-ris	reg-ā-ris	capi-ā-ris
	audi-ā-tur	reg-ā-tur	capi-ā-tur
	audi-ā-mur	reg-ā-mur	capi-ā-mur
	audi-ā-mini	reg-ā-mini	capi-ā-mini
	audi-a-ntur	reg-a-ntur	capi-a-ntur

Indikativ Imperfekt

Bildung

- Das Imperfekt hat im Indikativ das Tempuszeichen -ba.
- In der konsonantischen Konjugation, in der Kurz-i-Konjugation und in der i-Konjugation tritt der Bindevokal -ē hinzu.

Konjugation

	ā-Konjugation		ē-Konjugation
Aktiv	laudā-ba-m	(ich lobte)	monē-ba-m
	laudā-bā-s	(du lobtest)	monē-bā-s
	laudā-ba-t	(er/sie/es lobte)	monē-ba-t
	laudā-bā-mus	(wir lobten)	monē-bā-mus
	laudā-bā-tis	(ihr lobtet)	monē-bā-tis
	laudā-ba-nt	(sie lobten)	monē-ba-nt
Passiv	laudā-ba-r	(ich wurde gelobt)	monē-ba-r
	laudā-bā-ris	(du wurdest gelobt)	monē-bā-ris
	laudā-bā-tur	(er/sie/es wurde gelobt)	monē-bā-tur
	laudā-bā-mur	(wir wurden gelobt)	monē-bā-mur
	laudā-bā-mini	(ihr wurdet gelobt)	monē-bā-mini
	laudā-ba-ntur	(sie wurden gelobt)	mone-ba-ntur

Konjugation

	i-Konjugation	konsonantische Konjugation	Kurz-i-Konjugation
Aktiv	audi-ē-**ba**-m	reg-ē-**ba**-m	capi-ē-**ba**-m
	audi-ē-**bā**-s	reg-ē-**bā**-s	capi-ē-**bā**-s
	audi-ē-**ba**-t	reg-ē-**ba**-t	capi-ē-**ba**-t
	audi-ē-**bā**-mus	reg-ē-**bā**-mus	capi-ē-**bā**-mus
	audi-ē-**bā**-tis	reg-ē-**bā**-tis	capi-ē-**bā**-tis
	audi-ē-**ba**-nt	reg-ē-**ba**-nt	capi-ē-**ba**-nt
Passiv	audi-ē-**ba**-r	reg-ē-**ba**-r	capi-ē-**ba**-r
	audi-ē-**bā**-ris	reg-ē-**bā**-ris	capi-ē-**bā**-ris
	audi-ē-**bā**-tur	reg-ē-**bā**-tur	capi-ē-**bā**-tur
	audi-ē-**bā**-mur	reg-ē-**bā**-mur	capi-ē-**bā**-mur
	audi-ē-**bā**-minī	reg-ē-**bā**-minī	capi-ē-**bā**-minī
	audi-ē-**ba**-ntur	reg-ē-**ba**-ntur	capi-ē-**ba**-ntur

Konjunktiv Imperfekt

Bildung

Die Formen des Konjunktiv Imperfekt setzen sich zusammen aus
- dem Präsensstamm,
- dem Kennzeichen -*re* und
- der Personalendung.

Konjugation

	ā-Konjugation		ē-Konjugation
Aktiv	laudā-**re**-m	(ich würde loben)	monē-**re**-m
	laudā-**rē**-s	(du würdest loben)	monē-**rē**-s
	laudā-**re**-t	(er/sie/es würde loben)	monē-**re**-t
	laudā-**rē**-mus	(wir würden loben)	monē-**rē**-mus
	laudā-**rē**-tis	(ihr würdet loben)	monē-**rē**-tis
	laudā-**re**-nt	(sie würden loben)	monē-**re**-nt
Passiv	laudā-**re**-r	(ich würde gelobt)	monē-**re**-r
	laudā-**rē**-ris	(du würdest gelobt)	monē-**rē**-ris
	laudā-**rē**-tur	(er/sie/es würde gelobt)	monē-**rē**-tur
	laudā-**rē**-mur	(wir würden gelobt)	monē-**rē**-mur
	laudā-**rē**-minī	(ihr würdet gelobt)	monē-**rē**-minī
	laudā-**re**-ntur	(sie würden gelobt)	monē-**re**-ntur

Konjugation

	i-Konjugation	konsonantische Konjugation	Kurz-i-Konjugation
Aktiv	audī-**re**-m	reg-e-**re**-m	cape-**re**-m
	audī-**rē**-s	reg-e-**rē**-s	cape-**rē**-s
	audī-**re**-t	reg-e-**re**-t	cape-**re**-t
	audī-**rē**-mus	reg-e-**rē**-mus	cape-**rē**-mus
	audī-**rē**-tis	reg-e-**rē**-tis	cape-**rē**-tis
	audī-**re**-nt	reg-e-**re**-nt	cape-**re**-nt

6.3 Das Verbum finitum | 41

Konjugation

	i-Konjugation	konsonantische Konjugation	Kurz-i-Konjugation
Passiv	audī-**re**-r	reg-e-**re**-r	cape-**re**-r
	audī-**rē**-ris	reg-e-**rē**-ris	cape-**rē**-ris
	audī-**rē**-tur	reg-e-**rē**-tur	cape-**rē**-tur
	audī-**rē**-mur	reg-e-**rē**-mur	cape-**rē**-mur
	audī-**rē**-minī	reg-e-**rē**-minī	cape-**rē**-minī
	audī-**re**-ntur	reg-e-**re**-ntur	cape-**re**-ntur

Indikativ Futur I

Bildung

- Die *ā*- und *ē*-Konjugation bilden die Futurformen mit dem Tempuszeichen *-b* und den Bindevokalen *-i* und *-u.*
- In den übrigen Konjugationen steht das Tempuszeichen *-e*, in der 1. Person Singular *-a.*

Konjugation

	ā-Konjugation		ē-Konjugation
Aktiv	laudā-**b**-ō	(ich werde loben)	monē-**b**-o
	laudā-**bi**-s	(du wirst loben)	monē-**bi**-s
	laudā-**bi**-t	(er/sie/es wird loben)	monē-**bi**-t
	laudā-**bi**-mus	(wir werden loben)	monē-**bi**-mus
	laudā-**bi**-tis	(ihr werdet loben)	monē-**bi**-tis
	laudā-**bu**-nt	(sie werden loben)	monē-**bu**-nt
Passiv	laudā-**b**-or	(ich werde gelobt werden)	monē-**b**-or
	laudā-**be**-ris	(du wirst gelobt werden)	monē-**be**-ris
	laudā-**bi**-tur	(er/sie/es wird gelobt werden)	monē-**bi**-tur
	laudā-**bi**-mur	(wir werden gelobt werden)	monē-**bi**-mur
	laudā-**bi**-minī	(ihr werdet gelobt werden)	monē-**bi**-minī
	laudā-**bu**-ntur	(sie werden gelobt werden)	monē-**bu**-ntur

Konjugation

	i-Konjugation	konsonantische Konjugation	Kurz-i-Konjugation
Aktiv	audi-**a**-m	reg-**a**-m	capi-**a**-m
	audi-**ē**-s	reg-**ē**-s	capi-**ē**-s
	audi-**e**-t	reg-**e**-t	capi-**e**-t
	audi-**ē**-mus	reg-**ē**-mus	capi-**ē**-mus
	audi-**ē**-tis	reg-**ē**-tis	capi-**ē**-tis
	audi-**e**-nt	reg-**e**-nt	capi-**e**-nt
Passiv	audi-**a**-r	reg-**a**-r	capi-**a**-r
	audi-**ē**-ris	reg-**ē**-ris	capi-**ē**-ris
	audi-**ē**-tur	reg-**ē**-tur	capi-**ē**-tur
	audi-**ē**-mur	reg-**ē**-mur	capi-**ē**-mur
	audi-**ē**-minī	reg-**ē**-minī	capi-**ē**-minī
	audi-**e**-ntur	reg-**e**-ntur	capi-**e**-ntur

Imperativ I

Konjugation	ā-Konjugation	ē-Konjugation	i-Konjugation	konsonantische Konjugation	Kurz-i-Konjugation
Singular	laudā! (lobe!)	monē!	audī!	reg-e!	cape!
Plural	laudā-te! (lobt!)	monē-te!	audī-te!	reg-i-te!	capi-te!

BESONDERS NÜTZLICH
Unregelmäßig gebildete Imperative

Einige Verben bilden den Imperativ I im Singular ohne Endungs-e:

| dīcere: | dīc! | (sage!) | facere: | fac! | (tu!) |
| ferre: | fer! | (trage!) | dūcere: | dūc! | (führe!) |

Imperativ II

Bildung und Gebrauch

Der **Imperativ II** drückt Gebote aus, die allgemeine Gültigkeit haben. Er wird nur selten verwendet.

laudā-tō! (du sollst loben)
laudā-tōte! (ihr sollt loben)
memento mori! (Denke daran, dass du sterben musst!)

6.3.2 Die Personalformen des Perfektstamms

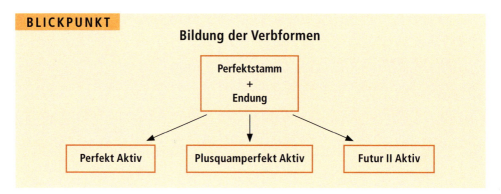

Indikativ Perfekt Aktiv

Bildung

Beim Indikativ Perfekt Aktiv werden in allen Konjugationsklassen folgende **Endungen** an den **Perfektstamm** (↑ S. 32) gehängt:

	Singular	Plural
1. Person:	-ī	-imus
2. Person:	-istī	-istis
3. Person:	-it	-ērunt

6.3 Das Verbum finitum

Konjugation

	ā-Konjugation		ē-Konjugation
Aktiv	laudāv-ī	(ich habe gelobt)	monu-ī
	laudāv-istī	(du hast gelobt)	monu-istī
	laudāv-it	(er/sie/es hat gelobt)	monu-it
	laudāv-imus	(wir haben gelobt)	monu-imus
	laudāv-istis	(ihr habt gelobt	monu-istis
	laudāv-ērunt	(sie haben gelobt)	monu-ērunt

Konjunktiv Perfekt Aktiv

Bildung

Die Formen des Konjunktiv Perfekt Aktiv werden gebildet aus
- dem **Perfektstamm** und
- den **Endungen** *-erim, -eris, -erit, -erimus, -eritis, -erint.*

Konjugation

	ā-Konjugation	ē-Konjugation
Aktiv	laudāv-**erim**	monu-**erim**
	laudāv-**eris**	monu-**eris**
	laudāv-**erit**	monu-**erit**
	laudāv-**erimus**	monu-**erimus**
	laudāv-**eritis**	monu-**eritis**
	laudāv-**erint**	monu-**erint**

Indikativ Plusquamperfekt Aktiv

Bildung

Die Formen des Indikativ Plusquamperfekt Aktiv werden gebildet
- aus dem **Perfektstamm** und
- den Endungen *-eram, erās, -erat, -erāmus, -erātis, -erant.*

Konjugation

	ā-Konjugation		ē-Konjugation
Aktiv	laudāv-**eram**	(ich hatte gelobt)	monu-**eram**
	laudāv-**erās**	(du hattest gelobt)	monu-**erās**
	laudāv-**erat**	(er/sie/es hatte gelobt)	monu-**erat**
	laudāv-**erāmus**	(wir hatten gelobt)	monu-**erāmus**
	laudāv-**erātis**	(ihr hattet gelobt)	monu-**erātis**
	laudāv-**erant**	(sie hatten gelobt)	monu-**erant**

Konjunktiv Plusquamperfekt Aktiv

Bildung

Die Formen des Konjunktiv Plusquamperfekt Aktiv werden gebildet aus
- dem **Perfektstamm** und
- den Endungen *-issem, -issēs, -isset, -issēmus, -issētis, -issent.*

Konjugation

	ā-Konjugation		ē-Konjugation
Aktiv	laudāv-**issem**	(ich hätte gelobt)	monu-**issem**
	laudāv-**issēs**	(du hättest gelobt)	monu-**issēs**
	laudāv-**isset**	(er/sie/es hätte gelobt)	monu-**isset**
	laudāv-**issēmus**	(wir hätten gelobt)	monu-**issēmus**
	laudāv-**issētis**	(ihr hättet gelobt)	monu-**issētis**
	laudāv-**issent**	(sie hätten gelobt)	monu-**issent**

Indikativ Futur II Aktiv

Bildung

Die Formen des Futur II Aktiv werden gebildet
- aus dem **Perfektstamm** und
- den Endungen *-erō, -eris, -erit, -eris, -erimus, -eritis, -erint*.

Konjugation

	ā-Konjugation		ē-Konjugation
Aktiv	laudāv-**erō**	(ich werde gelobt haben)	monu-**erō**
	laudāv-**eris**	(du wirst gelobt haben)	monu-**eris**
	laudāv-**erit**	(er/sie/es wird gelobt haben)	monu-**erit**
	laudāv-**erimus**	(wir werden gelobt haben)	monu-**erimus**
	laudāv-**eritis**	(ihr werdet gelobt haben)	monu-**eritis**
	laudāv-**erint**	(sie werden gelobt haben)	monu-**erint**

6.3.3 Die Personalformen des Partizipialstamms

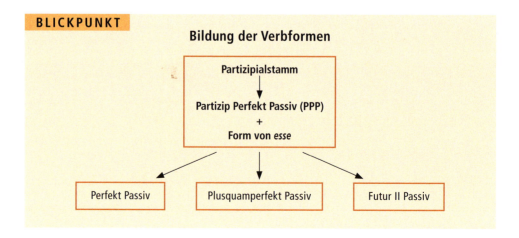

6.3 Das Verbum finitum | 45

Indikativ Perfekt Passiv

Bildung

Der Indikativ Perfekt Passiv wird gebildet
- mit dem **PPP** (↑ S. 34) und
- den Formen des **Indikativ Präsens** von *esse* (↑ S. 49 f.).

Konjugation

	ā-Konjugation		ē-Konjugation
Passiv	laudātus, -a, -um sum	(ich bin gelobt worden)	monitus, -a, -um sum
	laudātus, -a, -um es	(du bist gelobt worden)	monitus, -a, -um es
	laudātus, -a, -um est	(er/sie/es ist gelobt worden)	monitus, -a, -um est
	laudātī, -ae, -a sumus	(wir sind gelobt worden)	monitī, -ae, -a sumus
	laudātī, -ae, -a estis	(ihr seid gelobt worden	monitī, -ae, -a estis
	laudātī, -ae, -a sunt	(sie sind gelobt worden)	monitī, -ae, -a sunt

Konjunktiv Perfekt Passiv

Bildung

Der Konjunktiv Perfekt Passiv wird gebildet
- mit dem **PPP** und
- den Formen des **Konjunktiv Präsens** von *esse* (↑ S. 49).

Konjugation

	ā-Konjugation	ē-Konjugation
Passiv	laudātus, -a, -um sim	monitus, -a, -um sim
	laudātus, -a, -um sis	monitus, -a, -um sīs
	laudātus, -a, -um sit	monitus, -a, -um sit
	laudātī, -ae, -a sīmus	monitī, -ae -a sīmus
	laudātī, -ae, -a sitis	monitī, -ae, -a sitis
	laudātī, -ae, -a sint	monitī, -ae, -a sint

Indikativ Plusquamperfekt Passiv

Bildung

Der Indikativ Plusquamperfekt Passiv wird gebildet
- mit dem **PPP** und
- den Formen des **Indikativ Imperfekt** von *esse* (↑ S. 49).

Konjugation

	ā-Konjugation		ē-Konjugation
Passiv	laudātus, -a, -um eram	(ich war gelobt worden)	monitus, -a, -um eram
	laudātus, -a, -um erās	(du warst gelobt worden)	monitus, -a, -um erās
	laudātus, -a, -um erat	(er/sie/es war gelobt worden)	monitus, -a, -um erat
	laudātī, -ae, -a erāmus	(wir waren gelobt worden)	monitī, -ae, -a erāmus
	laudātī, -ae, -a erātis	(ihr wart gelobt worden	monitī, -ae, -a erātis
	laudātī, -ae, -a erant	(sie waren gelobt worden)	monitī, -ae, -a erant

FORMENLEHRE

Konjunktiv Plusquamperfekt Passiv

Bildung

Der Konjunktiv Plusquamperfekt Passiv wird gebildet
- mit dem **PPP** (↑ S. 34) und
- den Formen des **Konjunktiv Imperfekt** von *esse* (↑ S. 49).

Konjugation

	ā-Konjugation		ē-Konjugation
Passiv	laudātus, -a, -um essem	(ich wäre gelobt worden)	monitus, -a, -um essem
	laudātus, -a, -um essēs	(du wärest gelobt worden)	monitus, -a, -um essēs
	laudātus, -a, -um esset	(er/sie/es wäre gelobt worden)	monitus, -a, -um esset
	laudātī, -ae, -a essēmus	(wir wären gelobt worden)	monitī, -ae, -a essēmus
	laudātī, -ae, -a essētis	(ihr wärt gelobt worden	monitī, -ae, -a essētis
	laudātī, -ae, -a essent	(sie wären gelobt worden)	monitī, -ae, -a essent

Indikativ Futur II Passiv

Bildung

Der Indikativ Futur II Passiv wird gebildet
- mit dem **PPP** und
- den Formen des **Indikativ Futur** von *esse* (↑ S. 49).

Konjugation

	ā-Konjugation		ē-Konjugation
Passiv	laudātus, -a, -um erō	(ich werde gelobt worden sein)	monitus, -a,- um erō
	laudātus, -a, -um eris	(du wirst gelobt worden sein)	monitus, -a, -um eris
	laudātus, -a, -um erit	(er/sie/es wird gelobt worden sein)	monitus, -a, -um erit
	laudātī, -ae, -a erimus	(wir werden gelobt worden sein)	monitī, -ae, -a erimus
	laudātī, -ae, -a eritis	(ihr werdet gelobt worden sein)	monitī, -ae, -a eritis
	laudātī, -ae, -a erunt	(sie werden gelobt worden sein)	monitī, -ae, -a erunt

## 6.4 Deponenzien und Semideponenzien

Deponenzien sind Verben, die eine **passive Form** haben, aber **aktivisch übersetzt** werden. Ihre aktiven Formen haben sie – nach antiker Vorstellung – „abgelegt" (deponere). Deponenzien gibt es in allen Konjugationsklassen. Die Formen entsprechen den Passivformen der jeweiligen Konjugationsklasse.

6.4.1 Die Deponenzien

Der Präsensstamm

Konjugation				
	Präsens		Imperfekt	Futur I
Indikativ	hort-**or**	(ich **ermahne**)	hortā-**ba-r**	hortā-**bo-r**
	hortā-**ris**	(du ermahnst)	hortā-**bā-ris**	hortā-**be-ris**
	hortā-**tur**	(er/sie/es ermahnt)	hortā-**bā-tur**	hortā-**bi-tur**
	hortā-**mur**	(wir ermahnen)	hortā-**bā-mur**	hortā-**bi-mur**
	hortā-**minī**	(ihr ermahnt)	hortā-**bā-minī**	hortā-**bi-minī**
	horta-**ntur**	(sie ermahnen)	hortā-**ba-ntur**	hortā-**bu-ntur**
Konjunktiv	horte-**r**		hortā-**re-r**	
	hortē-**ris**		hortā-**rē-ris**	
	hortē-**tur**		hortā-**rē-tur**	
	hortē-**mur**		hortā-**rē-mur**	
	hortē-**minī**		hortā-**rē-mini**	
	horte-**ntur**		hortā-**re-ntur**	

Konjugation					
	Infinitiv	Partizip	Imperativ	Gerundium	Gerundivum
Präsens	hortāri	hortāns	hortāre! hortāminī!	hortandī	hortandus
Perfekt	hortātum esse	hortātus, -a, -um			
Futur	hortātūrum esse	hortātūrus, -a, -um			

48 | **6 Das Verb**

Der Perfektstamm

Konjugation

	Perfekt	Plusquamperfekt	Futur II
Indikativ	hortātus,-a,-um sum	hortātus, -a, -um eram	hortātus, -a, -um erō
	hortātus, -a, -um es	hortātus, -a, -um erās	hortātus, -a, -um eris
	hortātus, -a, -um est	hortātus, -a, -um erat	hortātus, -a, -um erit
	hortātī, -ae, -a sumus	hortātī, -ae, -a erāmus	hortātī, -ae, -a erimus
	hortātī, -ae, -a estis	hortātī, -ae, -a erātis	hortātī, -ae, -a eritis
	hortātī, -ae, -a sunt	hortātī, -ae, -a erant	hortātī, -ae, -a erunt
Konjunktiv	hortātus, -a, -um sim	hortātus, -a, -um essem	
	hortātus, -a, -um sīs	hortātus, -a, -um essēs	
	hortātus, -a, -um sit	hortātus, -a, -um esset	
	hortātī, -ae, -a sīmus	hortātī, -ae, -a essēmus	
	hortātī, -ae, -a sītis	hortātī, -ae, -a essētis	
	hortātī, -ae, -a sint	hortātī, -ae, -a essent	

Besonderheiten

- Die **aktiven Formen** haben, wie andere Verbformen auch, aktive Bedeutung. **Gerundium** (↑ S. 35) und **Gerundivum** (↑ S. 35) entsprechen in Form und Funktion den Formen aktiver Verben.

  Partizip Präsens: hortans (ermahnend)
  Infinitiv Futur: hortaturum esse (künftig ermahnen)

- Das **Partizip Perfekt** einiger Deponenzien kann Gleichzeitigkeit ausdrücken.

  ratus / arbitratus (in der Meinung)
  admiratus (voll Bewunderung)
  secutus (folgend)
  veritus (aus Furcht)

- Bisweilen wird das Partizip Perfekt eines Deponens auch **passivisch gebraucht**.

  Praeda partita imperator haec fere dixit.
  (Nachdem die Beute geteilt war, sprach der Feldherr ungefähr Folgendes.)

6.4.2 Die Semideponenzien

Semideponenzien sind Verben, die **nur** im Präsens- oder **nur** im Perfektstamm als Deponens auftreten. Ihre jeweils passiven Formen werden, wie die der Deponenzien, aktivisch übersetzt.

Stammformen

audēre	*audeō*	*ausus sum*	(wagen)
gaudēre	*gaudeō*	*gavisus sum*	(sich freuen)
solēre	*soleō*	*solitus sum*	(gewohnt sein, pflegen)
fīdere	*fīdō*	*fīsus sum*	(vertrauen)
confīdere	*confīdō*	*confīsus sum*	(vertrauen)
diffīdere	*diffīdō*	*diffīsus sum*	(misstrauen)
revertī	*revertor*	*revertī / reversus sum*	(zurückkehren)

6.5 Die unregelmäßigen Verben

Als „unregelmäßige Verben" werden solche Verben bezeichnet, deren Personalformen im **Präsensstamm** nicht durchgängig mit den Formen einer regelmäßigen Konjugation übereinstimmen. Bei den Formen des Perfektstamms gibt es keine Besonderheiten.

6.5.1 esse (sein)

Konjugation

	Stamm: es-/er-/s-			Stamm: fu-		
	Präsens	Imperfekt	Futur I	Perfekt	Plusquam-perfekt	Futur II
Indikativ	s-u-m	er-a-m	er-ō	fu-ī	fu-eram	fu-erō
	es	er-ā-s	er-i-s	fu-istī	fu-erās	fu-eris
	es-t	er-a-t	er-i-t	fu-it	fu-erat	fu-erit
	s-u-mus	er-ā-mus	er-i-mus	fu-imus	fu-erāmus	fu-erimus
	es-tis	er-ā-tis	er-i-tis	fu-istis	fu-erātis	fu-eritis
	s-u-nt	er-a-nt	er-u-nt	fu-ērunt	fu-erant	fu-erint
Konjunktiv	s-i-m	es-sem		fu-erim	fu-issem	
	s-ī-s	es-sēs		fu-eris	fu-issēs	
	s-i-t	es-set		fu-erit	fu-isset	
	s-ī-mus	es-sēmus		fu-erimus	fu-issēmus	
	s-ī-tis	es-sētis		fu-eritis	fu-issētis	
	s-i-nt	es-sent		fu-erint	fu-issent	

Konjugation

	Infinitiv	Partizip	Imperativ
Präsens	esse		es! es-te!
Perfekt	fuisse		
Futur	futūrum esse / fore	futūrus, -a, -um	

Komposita und Stammformen

esse	sum	fuī	(sein, sich befinden)
abesse	absum	āfuī	(abwesend sein, entfernt sein)
adesse	adsum	adfuī/affuī	(anwesend sein, beistehen, helfen)
dēesse	dēsum	dēfuī	(wegsein, fehlen, mangeln)
inesse	īnsum	īnfuī	(darin sein, enthalten sein)
interesse	intersum	interfuī	([+ Dativ] dabeisein, teilnehmen an)
obesse	obsum	offuī	(entgegensein, schaden)
praeesse	praesum	praefuī	([+ Dativ] an der Spitze stehen, leiten)
superesse	supersum	superfuī	(übrig sein, überleben)
prōdesse	prōsum	prōfuī	(nützen)
posse	possum	potuī	(können)

prodesse (nützen)

Konjugation

	Präsens	Imperfekt	Futur I	Perfekt	Plusquam-perfekt	Futur II
Indikativ	prō-sum	prōd-eram	prōd-erō	profu-ī	prōfu-eram	prōfu-erō
	prōd-es	prōd-erās	prōd-eris	profu-istī	prōfu-erās	prōfu-eris
	prōd-est	prōd-erat	prōd-erit	profu-it	prōfu-erat	prōfu-erit
	prō-sumus	prōd-erāmus	prōd-erimus	profu-imus	prōfu-erāmus	prōfu-erimus
	prōd-estis	prōd-erātis	prōd -eritis	profu-istis	prōfu-erātis	prōfu-eritis
	prō-sunt	prōd-erant	prōd- erunt	profu-ērunt	prōfu-erant	prōfu-erint
Konjunktiv	prō-sim	prōd-essem		prōfu-erim	prōfu-issem	
	prō-sīs	prōd-essēs		prōfu-eris	prōfu-isses	
	prō-sit	prōd-esset		prōfu-erit	prōfui-sset	
	prō-sīmus	prōd-essēmus		prōfu-erimus	prōfu-issemus	
	prō-sītis	prōd-essētis		prōfu-eritis	prōfu-issetis	
	prō-sint	prōd-essent		prōfuerint	prōfu-issent	

Konjugation

	Infinitiv	Imperativ	
Präsens	prōd-esse	prōd-es!	prōd-este!
Perfekt	prō-fuisse		
Futur	prō-futūrum, -am, -um esse		

posse (können)

Konjugation

	Präsens	Imperfekt	Futur I	Perfekt	Plusquam-perfekt	Futur II
Indikativ	pos-sum	pot-eram	pot-erō	potu-ī	potu-eram	potu-erō
	pot-es	pot-erās	pot-eris	potu-istī	potu-erās	potu-eris
	pot-est	pot-erat	pot-erit	potu-it	potu-erat	potu-erit
	pos-sumus	pot-erāmus	pot-erimus	potu-imus	potu-erāmus	potu-erimus
	pot-estis	pot-erātis	pot-eritis	potu-istis	potu-erātis	potu-eritis
	pos-sunt	pot-erant	pot-erunt	potu-ērunt	potu-erant	potu-erint
Konjunktiv	pos-sim	pos-se-m		potu-erim	potu-issem	
	pos-sīs	pos-sē-s		potu-eris	potu-issēs	
	pos-sit	pos-se-t		potu-erit	potu-isset	
	pos-sīmus	pos-sē-mus		potu-erimus	potu-issēmus	
	pos-sītis	poss-sē-tis		potu-eritis	potu-issētis	
	pos-sint	pos-se-nt		potu-erint	potu-issent	
Infinitiv	pos-se			potu-isse		

6.5 Die unregelmäßigen Verben | 51

6.5.2 velle (wollen), nōlle (nicht wollen), mālle (lieber wollen)

Konjugation

	Indikativ			Konjunktiv		
Präsens	volō	nōlō	mālō	**velim**	**nōlim**	mālim
	vīs	**nōn vīs**	**māvīs**	velīs	nōlīs	mālis
	vult	**nōn vult**	**māvult**	velit	nōlit	mālīt
	volumus	nōlumus	mālumus	velīmus	nōlīmus	mālīmus
	vultis	**nōn vultis**	**māvultis**	velītis	nōlītis	mālītis
	volunt	nōlunt	mālunt	velint	nōlint	mālint
Imperfekt	volē-ba-m	nōlē-ba-m	mālē-ba-m	vellem	nōllem	māllem
	volē-bā-s	nōlē-ba-s	mālē-ba-s	vellēs	nōllēs	māllēs
	volē-ba-t	nōlē-ba-t	mālē-ba-t	vellet	nōllet	māllet
	...	...	...	...	...	...
Futur I	vol-a-m	nōl-a-m	māl-a-m			
	vol-ē-s	nōl-ē-s	māl-ē-s			
	vol-e-t	nōl-e-t	māl-e-t			
	...	...	...			

Konjugation

	Imperativ	Infinitiv	Partizip
	nōlī! / nōlīte!	velle	volēns
	–	nōlle	nōlēns
	–	mālle	–

Stammformen

velle	volō	voluī	(wollen);	nōlle	nōlō	nōluī	(nicht wollen)
mālle	mālo	māluī	(lieber wollen)				

6.5.3 īre (gehen)

Konjugation

	Präsens	Imperfekt	Futur I	Perfekt	Plusquam-perfekt	Futur II
Indikativ	eō	ībam	ībō	iī	ieram	ierō
	īs	ībās	ībis	īstī	ierās	ieris
	it	ībat	ībit	iit	ierat	ierit
	īmus	ībāmus	ībimus	iimus	ierāmus	ierimus
	ītis	ībātis	ībitis	īstis	ierātis	ieritis
	eunt	ībant	ībunt	iērunt	ierant	ierint
Konjunktiv	eam	īrem		ierim	īssem	
	eās	īrēs		ieris	īssēs	
	eat	īret		ierit	īsset	
	eāmus	īrēmus		ierimus	īssēmus	
	eātis	īrētis		ieritis	īssētis	
	eant	īrent		ierint	īssent	

FORMENLEHRE

Konjugation

	Infinitiv	Partizip	Imperativ	Gerundium	Gerundivum
Präsens	īre	iēns, **euntis**	ī! īte!	**eundī**	**eundus, -a, -um**
Perfekt	īsse	itum			
Futur	itūrum esse	itūrus, -a, -um			

Komposita und Stammformen

īre	eō	iī	itum	(gehen)
abīre	abeō	abiī		(weggehen)
adīre	adeō	adiī		(herangehen, angreifen, bitten)
coīre	coeō	coiī		(zusammengehen, sich vereinigen)
exīre	exeō	exiī		(herausgehen)
inīre	ineō	iniī		(hineingehen, beginnen)
interīre	intereō	interiī		(untergehen)
obīre	obeō	obiī		(entgegengehen)
perīre	pereō	periī		(untergehen)
redīre	redeō	rediī		(zurückgehen, zurückkehren)
subīre	subeō	subiī		(daruntergehen, auf sich nehmen)
transīre	transeō	transiī		(hinübergehen, überschreiten)

6.5.4 ferre (tragen)

Der Präsensstamm

Konjugation

	Aktiv			Passiv		
	Präsens	Imperfekt	Futur I	Präsens	Imperfekt	Futur I
Indikativ	fer-ō	fer-ēbam	fer-am	fer-or	fer-ēba-r	fer-a-r
	fer-s	fer-ēbas	fer-ēs	**fer-ris**	fer-ēbā-ris	fer-ē-ris
	fer-t	fer-ēbat	fer-et	**fer-tur**	fer-ēba-tur	fer-ē-tur
	fer-i-mus	fer-ebāmus	fer-ēmus	fer-i-mur	fer-ebā-mur	fer-ē-mur
	fer-tis	fer-ebātis	fer-ētis	fer-i-minī	fer-ebā-minī	fer-ē-minī
	fer-u-nt	fer-ēbant	fer-ent	fer-u-ntur	fer-ēba-ntur	fer-e-ntur
Konjunktiv	fer-a-m	fer-re-m		fer-a-r	fer-re-r	
	fer-ā-s	fer-rē-s		fer-ā-ris	fer-rē-ris	
	...	...		...	...	

Konjugation

	Infinitiv Aktiv	Infinitiv Passiv	Partizip	Imperativ	Gerundium	Gerundivum
	ferre	ferrī	ferēns, ferentis	fer! ferte!	ferendī	ferendus, -a, -um

6.5 Die unregelmäßigen Verben | 53

Komposita und Stammformen

ferre	ferō	tulī	lātum	(tragen, bringen, ertragen)
afferre	afferō	attulī	allātum	(herbeitragen, melden)
aufferre	auferō	abstulī	ablātum	(wegtragen, wegnehmen)
cōnferre	cōnferō	contulī	collātum	(zusammentragen, vergleichen)
dēferre	dēferō	dētulī	dēlātum	(herabbringen; überbringen, melden)
differre	differō	distulī	dīlātum	(aufschieben, verschieben)
differre	differō	–	–	(verschieden sein, sich unterscheiden)
efferre	efferō	extulī	ēlātum	(hinaustragen, emporheben)
īnferre	inferō	intulī	illātum	(hineintragen, zufügen)
offerre	offerō	obtulī	oblātum	(entgegenbringen, anbieten)
perferre	perferō	pertulī	perlātum	(ertragen, aushalten)
praeferre	praeferō	praetulī	praelātum	(vorziehen; an den Tag legen)
referre	referō	rettulī	relātum	(zurückbringen, berichten, melden)
transferre	transferō	transtulī	translātum	(hinübertragen, übersetzen)

BESONDERS NÜTZLICH

tollere

Die Stammformen von *tollere* muss man sich gesondert merken:

tollere   tollō   sustulī   sublātum (aufheben, beseitigen)

6.5.5 fierī (werden, geschehen)

Konjugation

	Präsens		Imperfekt		Futur I	
Indikativ	fī-ō	fī-mus	fī-ēba-m	fī-ēbā-mus	fī-a-m	fī-ē-mus
	fī-s	fī-tis	fī-ēbā-s	fī-ēbā-tis	fī-ē-s	fī-ē-tis
	fī-t	fī-u-nt	fī-ēba-t	fī-ēba-nt	fī-e-t	fī-e-nt
Konjunktiv	fī-a-m	fī-ā-mus	fi-e-re-m	fī-e-rē-mus		
	fī-ā-s	fī-ā-tis	fi-e-rē-s	fī-e-rē-tis		
	fī-a-t	fī-a-nt	fi-e-ret	fī-e-re-nt		

Gebrauch und Stammformen

- fieri wird im Präsensstamm auch als **Passiv** von *facere* verwendet.

  fieri (gemacht werden)

- Die Formen des **Perfektstamms** werden von *facere* übernommen.

  factus sum, factus eram, factus ero
  factus sim, factus essem

- Die Stammformen lauten:
  fierī, fīō, factus sum

FORMENLEHRE

6.6 Die unvollständigen Verben

Als unvollständige Verben (Verba defectiva) werden solche Verben bezeichnet, die nur einen Teil der möglichen Formen bilden.

6.6.1 meminisse (erinnern), ōdisse (hassen), nōvisse (kennen)

Gebrauch

- Die Verben *meminisse, ōdisse* und *nōvisse* bilden nur Formen des Perfektstamms.
- Diese haben dann präsentische Bedeutung.

memini (ich erinnere mich)
memineram (ich erinnerte mich)
meminero (ich werde mich erinnern)

6.6.2 coepisse (beginnen)

Gebrauch

- Das Verb *coepisse* bildet nur Formen im Perfekt- und Partizipialstamm.
- Die Formen von *coepisse* dienen als Perfekt zu *incipere*.

coepi (ich habe begonnen)
coeperam (ich hatte begonnen)
Disputari coeptum est. (Man begann zu diskutieren.)
incipio (ich beginne)

BESONDERS NÜTZLICH

āio, inquam (ich sage/sage ich)

- Die Verben āio und inquam bilden nur wenige Formen.

āio (ich sage, behaupte):	Präsens:	aio, āis, āit, āiunt
	Imperfekt:	āiēbam
	Perfekt:	āit
inquam (sage ich):	Präsens:	inquam, inquis, inquit, inquiunt
	Perfekt:	inquit

- Die Formen von inquam werden in die direkte Rede eingeschoben. Am häufigsten wird die Perfektform inquit verwendet.
  Marcus accurit et „Amici", inquit, „venite!" (Marcus lief herbei und rief: „Freunde, kommt!")

6.7 Die Stammformen wichtiger Verben

Um Verbformen im lateinischen Text sicher erkennen zu können und nicht miteinander zu verwechseln, muss man ihre **Stammformen** beherrschen. Entscheidend ist hierbei die Art der Perfektbildung (↑ auch Buchdeckel hinten).

BLICKPUNKT

Bildung des Perfektstamms

v-Perfekt:	Die meisten Verben der ā- und der ī-Konjugation bilden ein v-Perfekt.	laudāre, laudō, laudāvi, laudātum audīre, audiō, audīvī, audītum
u-Perfekt:	Die meisten Verben der ē-Konjugation bilden ein u-Perfekt.	monēre, moneō, monuī, monītum
s-Perfekt:	Der Präsensstamm wird durch das Bildungselement -s verändert.	ardēre, ardeō, arsī (d-s → s) tegere, tegō, texī (g,c-s → x) cēdere, cēdō, cessī (d-s → ss)
Dehnungsperfekt:	Der kurze (Präsens-)Stammvokal wird gedehnt und kann dabei lautlich verändert werden.	vidēre, video, vīdī agere, agō, ēgī
Reduplikations- perfekt:	Der Wortanfang wird verdoppelt, wobei der Präsensstamm zusätzlich lautlich verändert sein kann.	currere, currō, **cucurrī** pellere, pellō, pepulī
ohne Stamm- veränderung:	Der Präsensstamm wird nicht verändert.	volvere, **volvō, volvī**

Verben der ā-Konjugation

v-Perfekt				
laudāre	laudō	laudāvī	laudātum	loben
u-Perfekt				
cubāre	cubō	cubuī	cubitum	liegen, ruhen
domāre	domō	domuī	domitum	zähmen, bezwingen
secāre	secō	secuī	sectum	(ab)schneiden
vetāre	vetō	vetuī	vetitum	hindern, verbieten
Dehnungsperfekt				
(ad)iuvāre	(ad)iuvō	(ad)iūvī	(ad)iūtum	unterstützen, helfen
Reduplikations- perfekt				
dare	dō	dedī	datum	geben
circumdare	circumdō	circumdedī	circumdatum	umgeben
stāre	stō	stetī	statum	stehen
obstāre	obstō	obstetī	–	entgegenstehen
praestāre	praestō	praestiti	–	voranstehen, leisten
restāre	restō	restitī	–	übrig sein

Verben der ē-Konjugation

v-Perfekt

dēlēre	dēleō	dēlēvī	dēlētum	zerstören, vernichten
flēre	fleō	flēvī	flētum	weinen, beweinen
complēre	compleō	complēvī	complētum	anfüllen

u-Perfekt

censēre	censeō	censuī	censum	schätzen, meinen
docēre	doceō	docuī	doctum	lehren, unterrichten

s-Perfekt

augēre	augeō	auxī	auctum	vermehren, vergrößern
ardēre	ardeō	arsī	arsum	brennen
iubēre (m. Akkusativ)	iubeō	iussī	iussum	auffordern, befehlen
manēre	maneō	mānsī	mānsum	bleiben
ridēre	rideō	risī	rīsum	lachen, auslachen
suādēre	suādeō	suāsī	suāsum	raten
persuādēre	persuādeō	persuāsī	persuāsum	überreden, überzeugen

Dehnungsperfekt

cavēre	caveō	cāvī	cautum	meiden, sich hüten
favēre (m. Dativ)	faveō	fāvī	fautum	begünstigen
movēre	moveō	mōvī	mōtum	bewegen
commovēre	commoveō	commōvī	commōtum	bewegen, veranlassen
sedēre	sedeō	sēdī	sessum	sitzen
obsidēre	obsideō	obsēdī	obsessum	belagern
vidēre	videō	vīdī	vīsum	sehen
providēre	prōvideō	prōvīdī	prōvīsum	m. Dativ: sorgen für
				m. Akk.: vorhersehen

Reduplikationsperfekt

pendēre	pendēo	pependī	–	hängen (intransitiv)
respondēre	respondeō	respondī	respōnsum	antworten

Verben der i-Konjugation

v-Perfekt

audīre	audīo	audīvi	audītum	hören

u-Perfekt

aperīre	aperiō	aperuī	apertum	öffnen
dēsilīre	dēsiliō	dēsiluī	–	herabspringen

s-Perfekt

sentīre	sentiō	sēnsī	sēnsum	fühlen, meinen
vincīre	vinciō	vīnxī	vīnctum	fesseln

Dehnungsperfekt

venīre	veniō	vēnī	ventum	kommen
advenīre	adveniō	advēnī	adventum	ankommen
convenīre	conveniō	convēnī	conventum	zusammenkommen
invenīre	inveniō	invēnī	inventum	finden, erfinden

Reduplikationsperfekt

reperīre	reperiō	repperī	repertum	finden
comperīre	comperiō	comperī	compertum	erfahren

6.7 Die Stammformen wichtiger Verben

Verben der konsonantischen Konjugation

v-Perfekt

cognōscere	cognōscō	cognōvī	cognitum	kennenlernen, erkennen
cernere	cernō	crēvī	crētum	wahrnehmen, sehen
decernere	decernō	dēcrēvī	dēcrētum	beschließen
crēscere	crēscō	crēvī	–	wachsen
petere	petō	petīvī	petītum	erbitten, erstreben
quaerere	quaerō	quaesīvī	quaesītum	suchen, fragen
quiēscere	quiēscō	quiēvī	–	ruhen, sich ausruhen
sinere	sinō	sīvī	situm	lassen, zulassen
dēsinere	dēsinō	dēsiī	dēsitum	ablassen, aufhören
spernere	spernō	sprēvī	sprētum	verschmähen, verachten

u-Perfekt

alere	alō	aluī	altum	ernähren, unterhalten
colere	colō	coluī	cultum	bebauen, pflegen, verehren
cōnsulere	consulō	cōnsuluī	cōnsultum	m. Akkusativ: befragen
				m. Dativ: sorgen für
dēserere	dēserō	dēseruī	dēsertum	verlassen, im Stich lassen
disserere	disserō	disseruī	dissertum	erörtern
gignere	gignō	genuī	genitum	(er)zeugen, hervorbringen
pōnere	pōnō	posuī	positum	setzen, stellen, legen
expōnere	expōnō	exposuī	expositum	auseinandersetzen, darlegen
impōnere	impōnō	imposuī	impositum	hineinlegen, auferlegen
propōnere	prōpōnō	prōposuī	prōpositum	vor Augen stellen, darlegen

s-Perfekt

afflīgere	afflīgō	afflīxī	afflīctum	niederschlagen
dīcere	dīcō	dīxī	dictum	sagen, sprechen
indīcere	indīcō	indīxī	indictum	ankündigen
dūcere	dūcō	dūxī	ductum	führen, meinen
addūcere	addūcō	addūxī	adductum	heranführen, veranlassen
redūcere	redūcō	redūxī	reductum	zurückführen
trādūcere	trādūcō	trādūxī	trāductum	hinüberführen
fīgere	fīgō	fīxī	fīxum	anheften, befestigen
instruere	instruō	instrūxī	instrūctum	aufstellen, unterrichten
iungere	iungō	iūnxī	iūnctum	verbinden, vereinigen
regere	regō	rēxī	rēctum	lenken, leiten, regieren
pergere	pergō	perrēxī	perrēctum	fortfahren, fortsetzen
surgere	surgō	surrēxī	surrēctum	aufstehen, sich erheben
trahere	trahō	trāxī	tractum	ziehen, schleppen
vehere	vehō	vēxī	vectum	fahren
vīvere	vīvō	vīxī	–	leben
claudere	claudō	clausī	clausum	schließen
ēvādere	ēvadō	ēvāsī	ēvāsum	entkommen, entweichen
lūdere	lūdō	lūsī	lūsum	spielen
mittere	mittō	mīsī	missum	schicken, werfen
admittere	admittō	admīsī	admissum	zulassen
commitere	committō	commīsī	commissum	beginnen, begehen
intermittere	intermittō	intermīsī	intermissum	unterbrechen

permittere	permittō	permīsī	permissum	erlauben
promittere	prōmittō	prōmīsī	prōmissum	versprechen
remittere	remittō	remīsī	remissum	zurückschicken
gerere	gerō	gessī	gestum	tragen, führen, ausführen
cēdere	cēdō	cessī	cessum	gehen, weichen
acccēdere	accēdō	accessī	accessum	herankommen, heranrücken
concēdere	concēdō	concessī	concessum	zugestehen, erlauben
discēdere	discēdō	discessī	discessum	weggehen
intercēdere	intercēdō	intercessī	intercessum	dazwischentreten
sēcēdere	sēcēdō	sēcessī	sēcessum	weggehen
succēdere	succēdō	successī	successum	nachfolgen, gelingen
premere	premō	pressī	pressum	drücken, bedrängen
contemnere	contemnō	contempsī	contemptum	verachten
scrībere	scrībō	scrīpsī	scrīptum	schreiben
sūmere	sūmō	sūmpsī	sūmptum	nehmen

Dehnungsperfekt

agere	agō	ēgī	āctum	treiben, tun, handeln
peragere	peragō	perēgī	perāctum	durchführen, vollenden
subigere	subigō	subēgī	subāctum	unterwerfen
cōgere	cōgō	coēgī	coāctum	zusammenziehen, zwingen
emere	emō	ēmī	ēmptum	nehmen, kaufen
legere	legō	lēgī	lēctum	lesen, sammeln
colligere	colligō	collēgī	collēctum	sammeln, folgern, schließen
deligere	dēligō	dēlēgī	dēlēctum	auswählen
diligere	dīligō	dīlēxī	dīlēctum	lieben
neglegere	neglegō	neglēxī	neglēctum	vernachlässigen
intellegere	intellegō	intellēxī	intellēctum	einsehen, erkennen
relinquere	relinquō	relīquī	relictum	zurücklassen, verlassen
vincere	vincō	vīcī	victum	siegen, besiegen
convincere	convincō	convīcī	convictum	überführen
devincere	dēvincō	dēvīcī	dēvictum	völlig besiegen

Reduplikationsperfekt

cadere	cadō	cecĭdī	cāsum	fallen
accĭdere	accĭdit	accĭdit	–	sich ereignen, geschehen
occĭdere	occĭdō	occĭdī	occāsum	untergehen, umkommen
caedere	caedō	cecĭdī	caesum	fällen, niederhauen, töten
occĭdere	occĭdō	occĭdī	occīsum	niederhauen, töten
currere	currō	cucurrī	cursum	laufen, eilen
concurrere	concurrō	concurrī	concursum	zusammenlaufen/-stoßen
dēdere	dēdō	dēdidī	dēditum	übergeben, ergeben
crēdere	crēdō	crēdidī	crēditum	glauben, anvertrauen
perdere	perdō	perdidī	perditum	zugrunde richten, verlieren
prōdere	prōdō	prōdidī	prōditum	mitteilen, verraten
reddere	reddō	reddidī	redditum	zurückgeben
trādere	trādō	trādidī	trāditum	übergeben, überliefern
discere	discō	didicī	–	lernen
pellere	pellō	pepulī	pulsum	schlagen, stoßen, vertreiben
sistere	sistō	stetī	–	anhalten, sich stellen
dēsistere	dēsistō	dēstitī	–	ablassen, aufhören
resistere	resistō	restitī	–	sich widersetzen

6.7 Die Stammformen wichtiger Verben — 59

tangere	tangō	tetigī	tāctum	berühren
tendere	tendō	tetendī	tentum	spannen, ausstrecken
contendere	contendō	contendī	contentum	s. anstrengen, eilen, kämpfen
ohne Stammveränderung				
accendere	accendō	accendī	accēnsum	anzünden, entflammen
dēfendere	dēfendō	dēfendī	dēfēnsum	verteidigen
vertere	vertō	vertī	versum	wenden
āvertere	āvertō	āvertī	āversum	abwenden
metuere	metuō	metuī	–	(sich) fürchten
statuere	statuō	statuī	statutum	aufstellen, festsetzen, beschließen
cōnstituere	cōnstituō	cōnstituī	cōstitutum	
īnstituere	īnstituō	īnstituī	īnstitūtum	einrichten, unterrichten
tribuere	tribuō	tribuī	tribūtum	zuteilen, verteilen
solvere	solvō	solvī	solūtum	lösen, bezahlen

Verben der Kurz-i-Konjugation

v-Perfekt

cupere	cupiō	cupīvī	cupītum	wünschen, begehren

u-Perfekt

rapere	rapiō	rapuī	raptum	raffen, rauben
ēripere	ēripiō	ēripuī	ēreptum	entreißen
corripere	corripiō	corripuī	correptum	ergreifen, fassen

s-Perfekt

aspicere	aspiciō	aspēxī	aspectum	anblicken
īnspicere	īnspiciō	īnspexī	īnspectum	hineinschauen
perspicere	perspiciō	perspēxī	perspectum	durchschauen

Dehnungsperfekt

capere	capiō	cēpī	captum	fassen, ergreifen
accipere	accipiō	accēpī	acceptum	annehmen, empfangen
dēcipere	dēcipiō	dēcēpī	dēceptum	täuschen
incipere	incipiō	coepī	inceptum	anfangen
praecipere	praecipiō	praecēpī	praeceptum	vorschreiben
suscipere	suscipiō	suscēpī	susceptum	unternehmen, auf sich nehmen
facere	faciō	fēcī	factum	machen, tun, handeln
afficere	afficiō	affēcī	affectum	versehen mit
cōnficere	cōnficiō	cōnfēcī	cōnfectum	vollenden, erledigen
efficere	efficiō	effēcī	effectum	bewirken
interficere	interficiō	interfēcī	interfectum	töten
reficere	reficiō	refēcī	refectum	wiederherstellen
fugere	fugiō	fūgī	–	fliehen, meiden
effugere	effugiō	effūgī	–	entfliehen, entkommen
iacere	iaciō	iēcī	iactum	werfen
abicere	abiciō	abiēcī	abiectum	wegwerfen, ablegen
subicere	subiciō	subiēcī	subiectum	unterwerfen
obicere	obiciō	obiēcī	obiectum	entgegenwerfen
parere	pariō	peperī	partum	hervorbringen, gebären

60 | 6 Das Verb

Deponenzien

ā-Konjugation

(ad)hortārī	(ad)hortor	(ad)hortatus sum	ermahnem, anfeuern

ē-Konjugation

cōnfitērī	cōnfiteor	cōnfessus sum	gestehen, bekennen
pollicērī	polliceor	pollicitus sum	versprechen
rērī	reor	ratus sum	meinen, glauben
verērī	vereor	veritus sum	sich scheuen, fürchten
vidērī	videor	vīsus sum	scheinen

ī-Konjugation

assentīrī	assentior	assēnsus sum	zustimmen
mentīrī	mentior	mentītus sum	lügen
partīrī	partior	partītus sum	teilen
(ad)orīrī	(ad)orior	(ad)ortus sum	angreifen
assentīrī	assentior	assēnsus sum	zustimmen
potīrī	potior	potītus sum	sich bemächtigen

Konsonantische Konjugation

fruī	fruor	fructus sum	genießen
fungī	fungor	fūnctus sum	verrichten, verwalten
lābī	lābor	lāpsus sum	gleiten fallen
loquī	loquor	locūtus sum	sprechen, reden
querī	queror	questus sum	klagen, (sich) beklagen
sequī	sequor	secūtus sum	folgen, begleiten
assequī	assequor	assecūtus sum	erlangen, erreichen
cōnsequī	cōnsequor	cōnsecūtus sum	erlangen, erreichen
persequī	persequor	persecūtus sum	verfolgen
ūtī (m. Ablativ)	ūtor	ūsus sum	gebrauchen
vehī	vehor	vectus sum	fahren (intransitiv)
nancīscī	nancīscor	nanctus sum nactus sum	(zufällig) erreichen, bekommen
nāscī	nāscor	nātus sum	geboren werden
oblīvīscī	oblīvīscor	oblītus sum	vergesssen
proficīscī	proficīscor	profectus sum	aufbrechen, reisen
ulcīscī	ulcīscor	ultus sum	bestrafen, (sich) rächen

Kurz-i-Konjugation

aggredī	aggredior	aggressus sum	angreifen
trānsgredī	trānsgredior	trānsgressus sum	überschreiten
morī	morior	mortuus sum	sterben
patī	patior	passus sum	leiden, dulden, zulassen

Auflistung alphabetisch innerhalb der Konjunktionsklasse nach Art der Perfektbildung. Komposita stehen bei ihrem Simplex (im Druck hervorgehoben).

SATZLEHRE

1	Der einfache Satz	62
1.1	Das Subjekt	62
1.1	Das Prädikat	63
■	Besonderheiten bei Subjekt und Prädikat	63
1.3	Das Objekt	63
1.4	Attribut, Adverbiale und Prädikativum	64
1.4.1	Das Attribut	64
1.4.2	Das Adverbiale	64
1.4.3	Das Prädikativum	64
1.5	Die Kasus (Fälle) und ihre Funktionen	64
1.5.1	Der Nominativ	65
1.5.2	Der Genitiv	65
■	Genitivus Qualitatis und Ablativus Qualitatis	66
1.5.3	Der Dativ	67
■	Im Lateinischen Dativ – im Deutschen Akkusativ	67
■	Dativus Commodi + Verb: „sorgen für"	68
1.5.4	Der Akkusativ	69
■	Im Lateinischen Akkusativ – im Deutschen Dativ	69
■	Im Deutschen: wo? – Im Lateinischen: wohin?	70
1.5.5	Der Ablativ	71
■	Der Ablativus Causae in Verbindung mit einem PPP	74
1.6	Die Präpositionen	74
1.7	Infinitiv und Infinitivkonstruktionen	76
1.7.1	Der Infinitiv	76
1.7.2	Der Accusativus cum Infinitivo (AcI)	76
■	Verben mit unterschiedlicher Bedeutung	78
1.7.3	Der Nominativus cum Infinitivo (NcI)	78
■	Verben mit dem NcI	79
1.8	Partizipialkonstruktionen	79
1.8.1	Das Participium coniunctum	79
1.8.2	Der Ablativus absolutus	81
■	Der nominale Ablativus absolutus	82
1.8.3	Das attributive Partizip	83
1.9	Gerundium und Gerundivum	83
1.9.1	Das Gerundium	83
1.9.2	Das Gerundivum	84
1.10	Die Tempora und ihre Funktionen	85

1.10.1	Das Präsens	85
■	Der historische Infinitiv	85
1.10.2	Das Imperfekt	86
1.10.3	Das Futur I	86
1.10.4	Das Perfekt	87
1.10.5	Das Plusquamperfekt	87
1.10.6	Das Futur II	87
1.11	Die Modi: Indikativ, Konjunktiv und Imperativ	88
1.11.1	Der Indikativ	88
1.11.2	Der Konjunktiv	88
1.11.3	Der Imperativ	90
1.12	Die Genera Verbi: Aktiv und Passiv	90
1.12.1	Aktiv	90
1.12.2	Passiv	90
■	Übersetzung des Passiv	91
1.13	Der einfache Satz	91
1.13.1	Der Aussagesatz	91
1.13.2	Der Fragesatz	92
1.13.3	Der Begehrsatz	92

2	Der zusammengesetzte Satz	93
2.1	Die Satzreihe	93
2.1.1	Unverbundene Satzreihen	93
2.1.2	Verbundene Satzreihen	93
2.2	Das Satzgefüge	94
2.2.1	Der Modus (Aussageweise) im Nebensatz	94
■	Indirekte Reflexivität im Coniunctivus obliquus	95
2.2.2	Das Tempus im Nebensatz	95
■	Das Zeitverhältnis im Überblick	96
■	Die Consecutio Temporum im Überblick	97
2.2.3	Unterschiedliche Arten von Nebensätzen	97
■	Die verschiedenen Bedeutungen von cum im Temporalsatz	100
■	Die wichtigsten Konjunktionen im Überblick	103
2.2.4	Die Oratio obliqua (indirekte Rede)	103
■	Die Wiedergabe der Oratio obliqua im Deutschen	103

1 Der einfache Satz

Ein Satz besteht aus einzelnen Bausteinen, den Satzgliedern. Jedes Satzglied kann aus einem einzelnen **Wort** oder aus einer **Wortgruppe** bestehen. Das Subjekt, Objekt und Adverbiale können auch aus einem **Gliedsatz** bestehen.

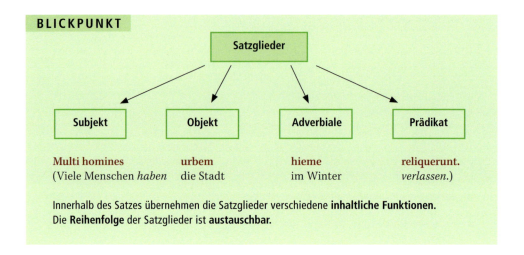

1.1 Das Subjekt

Funktion und Bedeutung	
Der einfache Satz besteht aus einem Subjekt und einem Prädikat. Das Subjekt gibt an, wer oder was eine Handlung vollzieht oder davon betroffen ist, während das Prädikat angibt, was das Subjekt tut.	Imperator rediit. (Der Feldherr kehrte zurück.) Templum deletum est. (Der Tempel ist zerstört worden.)
Das **Subjekt** kann wie im Deutschen aus verschiedenen **Wörtern** oder **Wortgruppen** gebildet werden: ■ Substantiv (Hauptwort), ■ Adjektiv (Eigenschaftswort), ■ Adjektiv und Substantiv, ■ Pronomen (Fürwort), ■ Numerale (Zahlwort), ■ Infinitiv (Grundform eines Verbs), ■ Gliedsatz.	Serva laborat. (**Die Sklavin** arbeitet.) **Prudens** vincit. (**Der Kluge** siegt.) **Puer parvus** flet. (**Ein kleiner Junge** weint.) **Ea** cantat. (**Sie** singt.) **Multi** fugerunt. (**Viele** sind geflohen.) **Errare** humanum est. (**Irren** ist menschlich.) **Quid faciat,** notum est. (**Was er tut,** ist bekannt.)

1.2 Das Prädikat

Funktion und Bedeutung

Das Prädikat wird ermittelt durch die Fragen: Was geschieht? oder: Was tut das Subjekt?. Das Prädikat stimmt in **K**asus, **N**umerus und **G**enus mit dem Subjekt überein **(KNG-Kongruenz)**. Es kann ein **Verb** oder ein **Hilfsverb mit Prädikatsnomen** sein:

- Verb,
- substantivisches Prädikatsnomen,
- adjektivisches Prädikatsnomen.

Amica **venit.** (Die Freundin **kommt.**)
Flavius **agricola est.** (Flavius **ist Bauer.**)
Equi **citi sunt.** (Die Pferde **sind schnell.**)

Verben haben verschiedene Wertigkeiten. Es lassen sich unterscheiden:

- **einwertige Verben** (Prädikat – Subjekt),
- **zweiwertige Verben** (Prädikat – Subjekt – Akkusativobjekt),
- **dreiwertige Verben** (Prädikat – Subjekt – Akkusativobjekt – Dativobjekt).

Puella ludit. (Das Mädchen spielt.)
Mater filium vocat. (Die Mutter ruft den Sohn.)
Magister puero librum dat. (Der Lehrer gibt dem Jungen ein Buch.)

Transitive Verben haben ein Akkusativobjekt, **intransitive** nicht.

flumen transire (den Fluss überqueren)
dolere (trauern über)

BESONDERS NÜTZLICH

Besonderheiten bei Subjekt und Prädikat

- Im Unterschied zum Deutschen ist das Subjekt oft schon im finiten Verb enthalten:
  legimus (**wir** lesen); urbem relinquis (**du** verlässt die Stadt)

- Im Lateinischen gibt es keinen Artikel:
  villa (**das** Landhaus, **ein** Landhaus); bellum (**der** Krieg, **ein** Krieg)

1.3 Das Objekt

Funktion und Bedeutung

Das Objekt ist eine der häufigsten Ergänzungen zum Prädikat. Es gibt an, auf wen oder worauf die im Prädikat ausgedrückte Handlung sich richtet.

Iulia **amicae** adest. (Julia hilft **ihrer Freundin.**)
Multi homines **immortalitatis** cupidi sunt. (Viele Menschen verlangen nach **Unsterblichkeit.**)

Das Objekt kann gebildet werden aus:

- Substantiven,
- Adjektiven,
- Präpositionalen Verbindungen,
- Infinitiven,
- AcI (↑ S. 76),
- Gliedsätzen.

Librum legimus. (Wir lesen **ein Buch.**)
Paucos laudabat. (**Einige** lobte er.)
De bello narrat. (Er berichtet **vom Krieg.**)
Fugere constituit. (Er beschloss **zu fliehen.**)
Scio **eum venire.** (Ich weiß, **dass er kommt.**)
Optat, **ut bellum finiatur.** (Er wünscht, **dass der Krieg ein Ende habe.**)

64 | **1 Der einfache Satz**

1.4 Attribut, Adverbiale und Prädikativum

Der einfache Satz kann erweitert werden durch ein **Attribut,** durch ein **Adverbiale** oder durch ein **Prädikativum.**

1.4.1 Das Attribut

Ein Attribut ist die nähere Bestimmung eines Substantivs durch ■ ein Adjektiv oder ■ ein Substantiv. Das Attribut stimmt in **K**asus, **N**umerus und **G**enus mit dem dazugehörigen Substantiv überein (**KNG-Kongruenz**).	amicus **laetus** (ein **fröhlicher** Freund) Caesar **imperator** (der **Kaiser** Cäsar)

1.4.2 Das Adverbiale

Ein Adverbiale beschreibt die Umstände, unter denen sich eine Handlung vollzieht.	Servus **optime** laboravit. (Der Sklave hat **sehr gut** gearbeitet.)

1.4.3 Das Prädikativum

Ein Prädikativum stimmt in der Form mit dem Substantiv überein. Es sagt aus, in welchem Zustand eine Person oder Sache eine Handlung vornimmt. Dadurch wird sowohl das dazugehörige Substantiv als auch die im Prädikat genannte Handlung näher beschrieben.	Milites **laeti** redierunt. (Die Soldaten kehrten **froh [als frohe]** zurück.) Cicero **consul** orationem habuit. (Cicero hielt **als Konsul** eine Rede.)

1.5 Die Kasus (Fälle) und ihre Funktionen

BLICKPUNKT

Kasus	Frage	Funktion
Nominativ	wer oder was?	Der Nominativ bezeichnet die handelnde Person oder die Sache, die beschrieben wird.
Genitiv	wessen?	Der Genitiv drückt die Zugehörigkeit zu einer Person oder Sache aus.
Dativ	wem? wofür?	Der Dativ benennt die Person oder Sache, der eine Handlung gilt.
Akkusativ	wen oder was?	Der Akkusativ bezeichnet das Ziel einer Handlung.
Ablativ	womit? wodurch?	Der Ablativ drückt die näheren Umstände aus, unter denen eine Handlung stattfindet.

1.5 Die Kasus (Fälle) und ihre Funktionen | 65

1.5.1 Der Nominativ

Der Nominativ bezeichnet die **handelnde** Person oder die Sache, um die es geht.

Funktion und Bedeutung	
Als **Subjektskasus** benennt der Nominativ – die Person oder – die Sache, die von einer Handlung betroffen ist oder eine Handlung ausführt. Erfragt wird das Subjekt mit: wer?, was?.	Graeci vicerunt. (**Die Griechen** siegten.) Troiani victi sunt. (**Die Trojaner** wurden besiegt.) Oppidum conditum est. (**Die Stadt** wurde gegründet.)
Als **Prädikatsnomen** (↑ S. 63) und **Attribut** benennt der Nominativ – die Beschaffenheit oder – die Funktion des Subjekts. Gefragt wird: wie beschaffen?, von welcher Art?.	Caesar imperator est. (Cäsar ist **ein Feldherr.**) Imperatores Romani valde celebrabantur. (**Römische** Feldherren wurden sehr gefeiert.)
Als **Prädikativum** (↑ S. 64) bezeichnet der Nominativ den Zustand – einer Person oder – einer Sache. Gefragt wird: als was für ein?.	Agrippa victor rediit. (Agrippa kehrte **als Sieger** zurück.) Haec fabula prima narratur. (Diese Geschichte wird **als erste** erzählt.)

1.5.2 Der Genitiv

Der Genitiv bezeichnet einen **Zugehörigkeitsbereich** und antwortet auf die Fragen: wessen?, in Bezug auf wen oder was?, in welcher Hinsicht?.

Der Genitivus subiectivus (Genitiv der Herkunft)

Im Genitivus subiectivus steht die Person, von der eine Tätigkeit ausgeht.	timor **Romanorum** (die Furcht **der Römer**)

Der Genitivus obiectivus (Genitiv des Ziels)

Der Genitivus obiectivus gibt an, worauf sich eine Tätigkeit oder Empfindung richtet. Übersetzt wird mit einer Präposition.	timor **Romanorum** (die Furcht **vor den Römern**) spes **pacis** (Hoffnung **auf den Frieden**)
Er steht bei folgenden Adjektiven: ■ *cupidus/avidus* (begierig), ■ *studiosus* (bemüht [um]), ■ *(im)memor* ([nicht] denkend [an]), ■ *particeps* (teilhabend [an]), ■ *potens* (mächtig), ■ *plenus* (voll [von]), ■ *(im)peritus* ([un]erfahren [in]).	cupidus gloriae (begierig nach Ruhm) studiosus pacis (bemüht um Frieden) memor patriae (an die Heimat denkend) particeps imperii (an Herrschaft teilhabend) potens sui (seiner mächtig) plenus exemplorum (voll von Beispielen) peritus rei (erfahren in einer Sache)

| 66 | 1 Der einfache Satz |

Der Genitivus possessivus (Genitiv der Zugehörigkeit)

- Der Genitivus possessivus bezeichnet ein Eigentumsverhältnis oder eine Zugehörigkeit.
- Oft steht er in Verbindung mit esse.
- Im Unterschied zum Dativus possessivus (↑ S. 68) betont er den Besitzer.

mos **maiorum** (Sitte **der Vorfahren**)

civium est (es ist **Aufgabe der Bürger**)
villa **senatoris** est (die Villa gehört dem Senator [und keinem anderen])

Der Genitivus partitivus (Genitiv der Teilung)

Der Genitivus partitivus bezeichnet ein Ganzes, von dem ein Teil angegeben ist:
- bei Substantiven, die eine Mengen- oder Zahlangabe ausdrücken;
- bei substantivisch gebrauchten Adjektiven im Neutrum;
- bei Adverbien;
- bei substantivisch verwendeten Pronomina;
- bei Adjektiven der Reihen-/Rangfolge.

copia **hominum** (eine Menge [von] Menschen)
tantum **prudentiae** (so viel Klugheit)
multum **frumenti** (viel Getreide)
nusquam **Romae** (nirgendwo in Rom)
nemo **militum** (kein Soldat)
primus **mortalium** (der erste Mensch)

Der Genitivus Qualitatis (Genitiv der Beschaffenheit)

Der Genitivus Qualitatis gibt das Maß, die Art oder wesentliche Eigenschaften des dazugehörenden Substantivs an.

iter centum dierum (eine Reise von hundert Tagen)
vir magni ingenii (ein Mann von großem Verstand)

BESONDERS NÜTZLICH

Genitivus Qualitatis und Ablativus Qualitatis

Statt Genitivus Qualitatis kann auch Ablativus Qualitatis stehen:

Erat consul → magnae eloquentiae.
Er war ein Konsul von großer Beredsamkeit.
→ magna eloquentia.

Der Genitivus Pretii (Genitiv des Wertes)

Der Genitivus Pretii bezeichnet den Wert, der einer Person oder Sache zukommt.
Er steht als **allgemeine Wertangabe** bei
- *aestimare/ducere/facere/habere/putare* (für wert halten),
- *esse/fieri/haberi* (wert sein),
- den Verben des Kaufens, Verkaufens,
- in vergleichenden Wertangaben.

parvi facere (gering schätzen)
plurimi putare (für sehr wertvoll halten)
magni esse (viel gelten)
pluris emere (teuer kaufen)
Probitas pluris est quam divitiae. (Rechtschaffenheit ist mehr wert als Reichtum.)

villa magni pretii (eine Villa von großem Wert)

Im Unterschied zum Genitivus Pretii bezeichnet der **Ablativus Pretii** (↑ S. 73) sowohl allgemeine als auch **genaue Preisangaben** (bei Verben des Geschäftslebens).

Dominus villam tribus talentis emit. (Der Herr hat das Haus für drei Talente gekauft.)

1.5 Die Kasus (Fälle) und ihre Funktionen	**67**

Verben mit Genitiv

Der Genitiv steht nach **Verben des Erinnerns und Vergessens:**	
■ *meminisse/reminisci/recordari* (sich erinnern),	Memini patris tui. (Ich erinnere mich an deinen Vater.)
■ *oblivisci* (vergessen).	Patriae oblivisci non potest. (Er kann die Heimat nicht vergessen.)

Der Genitiv folgt nach **Verben der Gerichtssprache:**	
■ *arguere/accusare* (beschuldigen),	Servum sceleris accusavit. (Er klagte den Sklaven eines Verbrechens an.)
■ *convincere* (überführen),	Servus sceleris convictus est. (Der Sklave wurde eines Verbrechens überführt.)
■ *damnare/condemnare* (verurteilen),	
■ *absolvere* (freisprechen).	Servum sceleris absolvit. (Er sprach den Sklaven von dem Verbrechen frei.)

Der Genitiv steht **nach unpersönlichen Ausdrücken:**	
■ *me pudet* (mich beschämt),	Huius rei me pudet. (Ich schäme mich über diese Sache.)
■ *me paenitet* (mich reut),	Huius facti se paenitet. (Er bereut diese Tat.)
■ *me taedet* (mich ekelt).	

1.5.3 Der Dativ

Der Dativ bezeichnet eine Person oder Sache, der eine Handlung gilt, sowie **Ziel** und **Zweck** einer Handlung.

Der Dativ als Objekt

Der Dativ als Objektskasus wird erfragt mit: wem?, wofür?, wozu?.	Avus **mihi** adest. (Der Großvater hilft **mir.**) **Deis** credimus. (Wir vertrauen **den Göttern.**) **Tibi** librum do. (Ich gebe **dir** ein Buch.)

BESONDERS NÜTZLICH

Im Lateinischen Dativ – im Deutschen Akkusativ

Einige Verben sind im Lateinischen mit einem Dativobjekt verbunden, werden im Deutschen aber durch Verben wiedergegeben, die einen Akkusativ verlangen:

persuadere (überreden, überzeugen);	parcere (schonen);
favere (begünstigen);	studere (sich bemühen um);
nubere (heiraten);	maledicere (schmähen);
invidere (beneiden);	nocere (schaden);
praeesse (an der Spitze stehen);	operam dare (sich Mühe geben).

Diese Verben sind im Lateinischen **intransitiv** (↑ S. 63), ziehen also kein Akkusativobjekt nach sich. Daher bilden sie statt des persönlichen das **unpersönliche Passiv** (↑ S. 90):

Mihi persuasit. (Er hat mich überzeugt.)
Mihi ab eo **persuasum est. (Ich bin** von ihm **überzeugt worden.)**

Der Dativus Commodi (Dativ der Beteiligung)

Der Dativus Commodi bezeichnet eine Person oder Sache, zu deren **Vorteil oder Nachteil** etwas geschieht. Im Deutschen wird er meist mit „für" übersetzt.	Non **scholae**, sed **vitae** discis. (Du lernst nicht **für die Schule**, sondern **für das Leben**.) Homo non **sibi soli** vivit. (Der Mensch lebt nicht **für sich allein**.)

BESONDERS NÜTZLICH

Dativus Commodi + Verb: „sorgen für"

Manche Verben verlangen den Dativus Commodi, haben jedoch eine andere Bedeutung, wenn ein Akkusativobjekt von ihnen abhängt:

	mit Dativ	mit Akkusativ
consulere	sorgen für	um Rat fragen
prospicere/providere	sorgen für	vorhersehen
timere/metuere	fürchten um/ besorgt sein um	fürchten, sich fürchten vor

Der Dativus Auctoris (Dativ des Urhebers)

Der Dativus Auctoris bezeichnet den **Urheber oder Verursacher** einer Handlung: immer beim Gerundivum (↑ S. 35, 83 f.), manchmal auch anstelle von *a/ab* + Ablativ beim Passiv.	Hic liber **mihi** legendus est. (Dieses Buch muss **von mir** gelesen werden. [= ich muss das Buch lesen.]) Multa **Marco** scripta sunt. (Vieles ist **von Marcus** geschrieben worden.)

Der Dativus possessivus (Dativ der Zugehörigkeit)

Der Dativus Possessivus in der Verbindung mit *esse* gibt einen **Besitzer** an. Übersetzt wird er mit „haben", „besitzen", „gehören". Anders als der Genitivus possessivus (↑ S. 66) betont er den Besitz.	Villa **fratri** est. (Der Bruder besitzt ein Haus.) Equus **Claudio** est. (Claudius hat ein Pferd [nicht etwas anderes].)

Der Dativus finalis (Dativ des Zwecks)

■ Der Dativus finalis gibt den **Zweck**, das Ziel oder die Wirkung an. Erfragt wird er mit: wozu?. ■ Er steht oft in Verbindung mit einem Dativ der Beteiligung (**„doppelter Dativ"**). ■ Er findet sich vor allem bei: – *esse*, – *dare*, – *venire*, – *mittere*, – *relinquere*.	Hoc **magno usui** est. (Das ist **von großem Nutzen**.) Hoc **tibi magno usui** est. (Das ist **für dich von großem Nutzen**.) cordi esse (am Herzen liegen) crimini dare (zum Vorwurf machen) auxilio venire (zu Hilfe kommen) auxilio mittere (zu Hilfe schicken) praesidio relinquere (als Schutz zurück- lassen)

1.5.4 Der Akkusativ

Der Akkusativ hat wie im Deutschen die Funktion **des direkten Objekts.** Er gibt die Person oder Sache an, auf die die Handlung unmittelbar zielt.

Der Akkusativ als Objekt wird erfragt mit: wen oder was?.	Claudia **consulem** videt. (Claudia sieht **den Konsul.**)

BESONDERS NÜTZLICH

Im Lateinischen Akkusativ – im Deutschen Dativ

Einige Verben sind im Lateinischen mit einem Akkusativobjekt verbunden, werden im Deutschen aber durch Verben wiedergegeben, die einen Dativ verlangen:

aequare (gleichkommen);   iuvare (helfen);   adiuvare (helfen);
sequi (folgen);   (ef)fugere (fliehen [vor]); cavere (sich hüten [vor]).
ulcisci (sich rächen an);   deficere (fehlen);

Der doppelte Akkusativ

■ Der doppelte Akkusativ entsteht, wenn **nach bestimmten Verben** zu einem Akkusativobjekt ein Prädikatsnomen tritt, das mit dem Akkusativobjekt in Kongruenz steht.	Amici **Marcum virum fortissimum** vocabant. (Die Freunde nannten **Markus einen sehr tapferen Mann.**)
■ Der doppelte Akkusativ steht auch bei den Verben: – *orare, rogare* (bitten), – *rogare, interrogare* (fragen), – *celare* (verheimlichen), – *poscere, flagitare* (fordern).	Id te oro. (**Darum** bitte ich **dich.**) Id vos rogamus. (**Danach** fragen wir **euch.**) Te rem celat. (Er verheimlicht **dir die Sache.**) Caesar **Haeduos frumentum** poposcit. (Cäsar forderte **von den Häduern Getreide.**)
■ Der doppelte Akkusativ steht außerdem bei: – *habere, putare, ducere, putare* (halten [für]),	**aliquem prudentem** putare (jemanden für klug halten)
■ – *dicere, nominare, appellare* (nennen, bezeichnen als]), – *facere, reddere* (machen [zu]),	**aliquem stultum** nominare (jemanden als dumm bezeichnen) **inimicum amicum** facere (sich den Feind zum Freund machen)
– *creare, eligere* (wählen [zu]),	**Ciceronem consulem** creare (Cicero zum Konsul wählen)
– *se praebere, se praestare* (sich zeigen).	**se prudentem** praestare (sich als klug erweisen)
Im Passiv wird der doppelte Akkusativ zum doppelten Nominativ!	**Scipionem ducem** creaverunt. (Sie wählten Scipio zum Führer.) → **Scipio dux** creatus est. (Scipio wurde zum Führer gewählt.)

70 | **1 Der einfache Satz**

Der Akkusativ des Ausrufs

Der Akkusativ des Ausrufs leitet sich ab aus dem doppelten Akkusativ. Häufig wird er eingeleitet durch ō oder *heu*.	Ō me miserum! (O, ich Unglücklicher!) Heu nos miseros! (Ach, wir Unglücklichen!)

Der Akkusativ der Richtung

■ Der Akkusativ der Richtung bezeichnet das Ziel und steht auf die Frage: wohin?. ■ Meist steht der Akkusativ der Richtung in Verbindung mit einer richtungsweisenden Präposition (*ad, in*). ■ Bei Namen von Städten und kleinen Inseln gibt der Akkusativ ohne Präposition die Richtung oder das Ziel an.	Pater domum it. (Der Vater eilt nach Hause.) Rus profectus sum. (Ich reiste aufs Land.) Consul in Capitolium vectus est. (Der Konsul fuhr zum Kapitol.) Romam (nach Rom) Carthaginem (nach Karthago) Delum (nach Delos)

BESONDERS NÜTZLICH

Im Deutschen: wo? – Im Lateinischen: wohin?

Der Akkusativ der Richtung findet sich im Lateinischen auch bei diesen Verben:

advenire (ankommen); convenire (zusammenkommen);
congregare (versammeln); cogere (versammeln);
concurrere (zusammenlaufen);
nuntiare (melden); abdere (verbergen).

Das Lateinische betont hier den Ablauf der Bewegung (Frage: wohin?), das Deutsche eher den Endpunkt der Bewegung (Frage: wo?).

Der Akkusativ der Ausdehnung

Der Akkusativ der Ausdehnung bezeichnet ■ die zeitliche oder ■ die räumliche Ausdehnung und beantwortet die Fragen: wie hoch?, wie tief?, wie lang?, wie breit?, wie weit?, wie alt?, wie lange?.	decem annos (zehn Jahre lang) dies noctesque (Tag und Nacht) Oppidum multa milia [passuum] aberat. (Die Stadt war viele Meilen entfernt.)

Der adverbiale Akkusativ

Der Akkusativ kann im Satz auch als Adverbiale fungieren, meist steht dieses im Neutrum Singular: – *facile* (leicht), – *multum* (vielfach/sehr), – *nihil* (überhaupt nicht/in keiner Weise), – *ceterum* (übrigens/im Übrigen).	facile intellegere (leicht begreifen) multum nocere (sehr schaden) nihil motus (in keiner Weise beeindruckt) Ceterum idem censeo. (Übrigens bin ich der gleichen Meinung.)

1.5.5 Der Ablativ

Der Ablativ ist der lateinische Kasus, den es im Deutschen nicht gibt. Eine wörtliche Übersetzung ist daher nicht möglich. Meist drückt er **die näheren Umstände** aus, unter denen eine Handlung stattfindet.

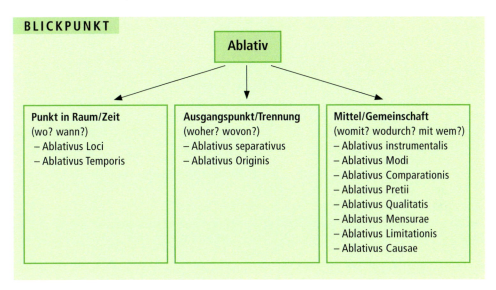

Der Ablativus Loci (Ablativ des Ortes)

Der Ablativus Loci steht bei einer **Ortsangabe** ohne Präposition auf die Frage: wo?.	Multis locis statuas vidimus. (An vielen Stellen haben wir Statuen gesehen.)
■ Der frühere Lokativ – in der Form dem Genitiv gleich – hat sich erhalten bei den Namen von Städten und kleinen Inseln auf *-us, -a, -um*. ■ Weitere alte Lokativformen finden sich vereinzelt.	Romae (in Rom) Deli (in Delos) Corinthi (in Korinth) domi (zu Hause) ruri (auf dem Land) domi bellique (in Krieg und Frieden)

Der Ablativus Temporis (Ablativ der Zeit)

Der Ablativus Temporis nennt ■ den **Zeitpunkt** auf die Frage: wann? oder ■ den **Zeitraum** auf die Frage: wie lange?	aestate (im Sommer) prima luce (bei Tagesanbruch) paucis diebus (innerhalb weniger Tage)

Der Ablativus separativus (Ablativ der Trennung)

■ Der Ablativus separativus bezeichnet den örtlichen oder zeitlichen **Ausgangspunkt** einer Bewegung. Man fragt: woher? wovon?. ■ Oft wird dieser Ablativ durch die Präpositionen *a/ab* und *e/ex* verdeutlicht (↑ S. 74 f.).	Roma venire (aus Rom kommen) domo abesse (von zu Hause fort sein) a Graecia venire (von Griechenland kommen)
■ Der Separativus steht nach Verben und Adjektiven, die eine Trennung ausdrücken: – *liberare* (befreien von [Sachen]), – *privare* (berauben), – *carere* (entbehren), – *egere* (benötigen), – *vacare* (frei sein), – *arcere/prohibere* (abhalten), – *desistere* (ablassen von), – *liber/vacuus* (frei von), – *tutus* (sicher vor)	curis liberare (von Sorgen befreien) spe privare (der Hoffnung berauben) pecunia carere (kein Geld haben) amicis egere (Freunde nötig haben) metu vacare (frei von Furcht sein) bello prohibere (vom Krieg abhalten) incepto desistere (vom Vorhaben ablassen) liber cura (sorglos) tutus periculo (sicher vor Gefahr)
Ein Sonderfall des Separativus ist der **Ablativus Originis**. Er bezeichnet die Herkunft oder Abstammung, vor allem in Verbindung mit *natus/ortus* (stammen aus).	natus Roma (aus Rom stammend) nobili genere ortus (von einem Adelsgeschlecht stammend)

Der Ablativus Comparationis (Ablativ des Vergleichs)

Der Ablativus Comparationis benennt nach Komparativen (↑ S. 15 f.) den **Vergleichspunkt.** Er hat dieselbe Bedeutung wie *quam* mit Nominativ oder Akkusativ.	maior patre (größer als der Vater) Cicero doctior erat aliis viris [= quam alii viri]. (Cicero war gebildeter als andere Männer.)

Der Ablativus instrumentalis (Ablativ des Mittels)

Der Ablativus instrumentalis bezeichnet das **Mittel**, **womit** oder **wodurch** etwas geschieht. Personen werden nicht als Mittel aufgefasst, daher steht dort die Präposition *cum* mit dem Ablativ (↑ S. 75).	gladio pugnare (mit dem Schwert kämpfen) curru vehi (mit dem Wagen fahren) Cum amicis in horto ludo. (Mit den Freunden spiele ich im Garten.)
■ Oft entspricht dem Ablativus instrumentalis in der deutschen Übersetzung eine präpositionale Verbindung mit lokaler Auffassung (Frage: wo?). ■ Besonders häufig steht der Ablativus instrumentalis in Verbindung mit *afficere* (ausstatten/versehen [mit etwas]) ■ Folgende Deponenzien ziehen einen Ablativus instrumentalis nach sich: – *uti* (gebrauchen), – *abuti* (missbrauchen), – *fungi* (verwalten), – *potiri* (sich bemächtigen), – *niti* (sich stützen auf), – *frui* (genießen).	manu tenere (**in** der Hand halten) equo vehi (**auf** einem Pferd reiten) proelio vincere (**im** Kampf siegen) memoria tenere (**in** Erinnerung behalten) laude afficere (loben, [mit Lob ausstatten]) poena afficere (strafen) supplicio afficere (hinrichten) exemplo uti (ein Beispiel verwenden) auctoritate abuti (Ansehen missbrauchen) munere fungi (ein Amt verwalten) oppido potiri (die Stadt erobern) potestate niti (sich auf die Macht stützen) vita frui (das Leben genießen)

1.5 Die Kasus (Fälle) und ihre Funktionen | 73

SATZLEHRE

Der Ablativus Modi (Ablativ der Art und Weise)

- Der Ablativus Modi drückt aus, unter welchen **Umständen,** in welcher **Art und Weise** etwas geschieht.
- Häufig steht der Ablativus Modi in Verbindung mit der Präposition *cum.*

Cicero magna eloquentia locutus est. (Cicero sprach mit großer Beredsamkeit.)

Mater filios magna cum diligentia educavit. (Die Mutter erzog ihre Söhne mit großer Sorgfalt.)

Der Ablativus Modi in feststehenden Wendungen

iure (zu Recht);
vi (mit Gewalt);
eo consilio (in dieser Absicht);
silentio (in der Stille);
hac ratione (auf folgende Weise);

specie (dem Schein nach);
iniuria (zu Unrecht);
casu (zufällig);
eodem modo (auf dieselbe Weise);
ea condicione (unter dieser Bedingung).

Der Ablativus Pretii (Ablativ des Werts)

Der Ablativus Pretii steht in Verbindung mit allen Verben des Geschäftslebens und gibt den **Wert** oder **Preis** einer Sache an:
- *stare/constare* (kosten),
- *emere* (kaufen),
- *vendere* (verkaufen),
- *venire* (verkauft werden),
- *locare* (vermieten),
- *conducere* (mieten).

Hanc domum magno vendidi. (Dieses Haus habe ich teuer verkauft.)

parvo constare (wenig kosten)
magna pecunia emere (für viel Geld kaufen)
minimo vendere (sehr billig verkaufen)
parvo venire (billig verkauft werden)
plurimo locare (sehr teuer vermieten)
magno conducere (teuer mieten)

Im Unterschied zum Ablativus Pretii bezeichnet der Genitivus Pretii (↑ S. 66) ausschließlich allgemeine Wertangaben.

Frumentum minoris quam ceteri vendo. (Ich verkaufe das Getreide billiger als die anderen.)

Der Ablativus Qualitatis (Ablativ der Eigenschaft)

Der Ablativus Qualitatis bezeichnet in Verbindung mit einem Attribut die **Eigenschaft** einer Person oder Sache.
Statt des Ablativus Qualitatis kann auch der Genitivus Qualitatis stehen (↑ S. 66).

vir magno animo (ein großherziger Mann/ein Mann von großzügigem Gemüt)

vir superbi ingenii (ein stolzer Mann/ein Mann stolzer Art)

Der Ablativus Mensurae (Ablativ des Maßes)

Der Ablativus Mensurae antwortet auf die Frage: um wie viel?. Er gibt bei Vergleichen das **Maß** und den **Grad** des Unterschieds an.

Asia multo maior quam Europa est. (Asien ist viel größer als Europa.)
paulo post (ein wenig später)

Der Ablativus Limitationis (Ablativ der Beziehung)

Der Ablativus Limitationis grenzt eine Aussage ein mit der Frage: in welcher Hinsicht?, in welcher Beziehung?, von welchem Standpunkt aus?.

Marcus omnes amicos virtute antecessit. (Markus übertraf alle seine Freunde an Tüchtigkeit.)
maior natu (der Geburt nach größer = älter)

74 | **1 Der einfache Satz**

Der Ablativus Causae (Ablativ des Grundes)

Der Ablativus Causae gibt den **Grund** an und beantwortet die Fragen: worüber?, weshalb?	Liberi ludo gaudent. (Die Kinder freuen sich über das Spiel.)
■ Der Ablativus Causae steht vor allem nach Verben und Adjektiven der Gefühlsäußerung:	
– *gaudere/laetari* (sich freuen),	pecunia laetari (sich über Geld freuen)
– *dolere* (traurig sein; bedauern),	morte dolere (traurig über den Tod)
– *irasci* (zornig sein),	amico irasci (auf den Freund zornig sein)
– *laetus* (froh über),	aestate laetus (froh über den Sommer)
– *maestus/tristis* (traurig über),	delicto tristis (traurig über das Vergehen)
– *fessus* (müde),	aetate fessus (altersschwach)
– *superbus* (stolz auf).	victoria superbus (stolz auf den Sieg)
■ Oft stehen im Ablativus Causae Substantive, die eine Gemütsbewegung ausdrücken.	amore (aus Liebe)
	superbia (aus Übermut)

BESONDERS NÜTZLICH

Der Ablativus Causae in Verbindung mit einem PPP

Häufig steht der Ablativus Causae bei einem Partizip Perfekt Passiv (PPP). Dieses bleibt im Deutschen unübersetzt:

odio permotus (aus Hass);   spe adductus (in der Hoffnung);
amore impulsus (aus Liebe);   misericordia motus (aus Mitleid);
ira inflammatus (im Zorn);   timore perterritus (aus Furcht).

1.6 Die Präpositionen

Präpositionen sind **Verhältniswörter.** Sie geben an, wie sich eine Person oder Sache zu einer anderen verhält.

Merkmale

- ■ **Präpositionen** sind ihrer Form nach **unveränderlich.**
- ■ In der Regel gehen sie nur mit einem Substantiv im **Akkusativ** oder **Ablativ** eine Verbindung ein.
- ■ Die so entstandenen präpositionalen Verbindungen ergänzen den Satz als adverbiale Bestimmung mit
  - – **örtlicher** Bedeutung,
  - – **zeitlicher** Bedeutung,
  - – **übertragener** Bedeutung.

1.6 Die Präpositionen | 75

SATZLEHRE

Präpositionen beim Ablativ

a/ab (von, von ... her, seit);
cum (mit);
de (von, von ... herab, über);

e/ex (aus, aus ... heraus, seit);
pro (vor, für, anstelle von);
sine (ohne).

Präpositionen beim Akkusativ

ad/usque ad ([bis] zu, an, bei);
adversus (gegen, gegenüber);
ante (vor);
apud (bei);
circa/circum (um ... herum, bei);
contra ([feindlich] gegen, gegenüber);
erga ([freundlich] gegen);
extra (außer, außerhalb);
infra (unterhalb);
intra (innerhalb, binnen);
inter (zwischen, während, unter);

iuxta (neben, nahe bei);
ob (gegen, wegen);
per (durch, mittels);
post (nach, hinter);
praeter (an ... vorbei, außer);
prope (nahe bei, um ... herum);
propter (nahe bei, neben, wegen);
secundum (längs, gemäß);
supra (oberhalb, über ... hinaus);
trans (über, hinüber, jenseits);
ultra (über, darüber hinaus, jenseits).

Präpositionen beim Akkusativ und Ablativ

Beim **Akkusativ** oder **Ablativ** stehen die Präpositionen *in* (in, an, auf, nach) und *sub* (unter).

■ in + Akkusativ (Frage: wohin?), ■ in + Ablativ (Frage: wo?).	In hortum venit. (Er kommt in den Garten.) In horto stat. (Er steht im Garten.)
■ sub + Akkusativ (Frage: wohin?), ■ sub + Ablativ (Frage: wo?).	sub iugum mittere (unter das Joch schicken) sub regno suo (unter seiner Herrschaft)

Die Stellung der Präpositionen

■ Gewöhnlich steht die Präposition **vor** dem zugehörigen Substantiv.	in urbe esse (in der Stadt sein)
■ Oft tritt die Präposition auch zwischen Attribut und Substantiv.	magno in periculo esse (in großer Gefahr sein)
■ Die Präposition *cum* wird in Verbindung mit dem Personalpronomen (↑ S. 20) hinten angehängt.	vobiscum (mit euch)
■ In Verbindung mit dem Relativpronomen (↑ S. 24) kann *cum* sowohl vor als auch hinter diesem stehen.	cum quo (mit dem) quocum (mit dem)

1.7 Infinitiv und Infinitivkonstruktionen

1.7.1 Der Infinitiv

Gebrauch

- Der Infinitiv (↑ S. 33) ist die Grund- oder Nennform eines Verbs.
- Innerhalb eines Satzes kann er die Stelle des Subjekts oder des Objekts einnehmen.

- Wie ein finites Verb kann der Infinitiv durch Objekte oder Adverbialien erweitert werden.

laudare (loben), monere (mahnen), legere (lesen), audire (hören), capere (fassen)
Discere necesse est. (**Lernen** ist notwendig.) *Was ist notwendig?* → *Subjekt*
Scribere possum. (Ich kann **schreiben.**)
Was kann ich? → *Objekt*
Amicum libenter invitare volo.
(Ich möchte **den Freund gerne** einladen.)

1.7.2 Der Accusativus cum Infinitivo (AcI)

Gebrauch

- Beim AcI (Accusativus cum Infinitivo) bilden ein Akkusativ und ein Infinitiv zusammen eine Einheit, die von einem übergeordneten Verb abhängt. Der AcI entspricht einem eigenen Satz, da er eine vollständige Aussage enthält. Deshalb wird er als **satzwertige Konstruktion** bezeichnet.

- Der Akkusativ stellt die handelnde Person oder Sache dar und wird deshalb **Subjektsakkusativ** genannt. Die Handlung steht dann im Infinitiv.

- Ist der AcI erweitert durch ein Akkusativobjekt, so ist dies der **Objektsakkusativ.** Darüber hinaus kann der AcI durch Adverbialien oder ein Prädikatsnomen erweitert sein, das ebenfalls im Akkusativ steht.

Aeneas videt Troianos equum in oppidum trahere.
(Aeneas sieht, dass die Troianer das Pferd in die Stadt ziehen.)
Aeneas videt: Troiani equum in oppidum trahunt.
(Aeneas sieht: Die Troianer ziehen das Pferd in die Stadt.)
Scimus **Graecos vicisse.**
(Wir wissen, dass die Griechen gesiegt haben.)
Wer hat gesiegt? → **Graecos** (die Griechen)
Was haben sie getan?) → **vicisse** (gesiegt)
Scimus Graecos **Troianos** superavisse.
(Wir wissen, dass die Griechen **die Troianer** [*wen?*] besiegt haben.)
Magister narrat Homerum **antiquis temporibus poetam praeclarum** fuisse.
(Der Lehrer erzählt, dass Homer **in alter Zeit** ein hochberühmter **Dichter** war.)

Die Übersetzung des AcI

Der AcI wird im Deutschen meist durch einen mit **dass** eingeleiteten Nebensatz übersetzt. Dabei wird der Akkusativ zum Subjekt, der Infinitiv zum Prädikat des dass-Satzes.

Scimus **Romulum** fratrem **necavisse.**
(Wir wissen, **dass Romulus** den Bruder **getötet hat.**)

1.7 Infinitiv und Infinitivkonstruktionen | 77

Der AcI als Satzglied

Syntaktisch hat der AcI die Funktion eines **Subjekts** oder eines **Objekts**:

- Nach unpersönlichen Ausdrücken nimmt der AcI die Stelle des **Subjekts** ein.

  Notum est **leonem regem bestiarum esse.**
  (Es steht fest, **dass der Löwe der König der Tiere ist.**)
  Was ist bekannt? → dass der Löwe ... ist.

- Die Stelle des **Objekts** nimmt der AcI ein nach Verben
  - des Denkens und Sagens,

    Magister dicit Cretam insulam esse.
    (Der Lehrer sagt, **dass Kreta eine Insel ist.**)
    Was sagt der Lehrer? → dass ... ist.
  - des Wahrnehmens und Empfindens,

    Filium salvum esse matrem gaudet.
    (Die Mutter freut sich, **dass der Sohn wieder gesund ist.**)
  - des Meinens und Wissens.

    Scio **te fidelem esse.**
    (Ich weiß, **dass du zuverlässig bist.**)

- Bei den Verben der Wahrnehmung steht anstelle eines AcI ein AcP (Accusativus cum Participio), wenn betont werden soll, dass die Wahrnehmung unmittelbar ist.

  Marcus videt matrem lacrimas **effundentem.**
  (Marcus sieht [mit eigenen Augen], dass die Mutter weint.)

Das Zeitverhältnis im AcI

Das zeitliche Verhältnis zwischen der Handlung des Hauptprädikats und des AcI wird durch den **Infinitiv** ausgedrückt.

Der **Infinitiv Präsens** drückt die **Gleichzeitigkeit** aus: Das Geschehen des AcI findet zur gleichen Zeit wie das Geschehen des Prädikats statt.

Agricola narrat asinum in silvam currere.
(Der Bauer erzählt, dass der Esel [jetzt gerade] in den Wald läuft.)

Der **Infinitiv Perfekt** drückt die **Vorzeitigkeit** aus: Das Geschehen des AcI hat vor dem Geschehen des Prädikats stattgefunden.

Agricola narrat asinum in silvam cucurisse.
(Der Bauer erzählt [jetzt], dass der Esel [gestern, vor Kurzem] in den Wald gelaufen ist.)

Der **Infinitiv Futur** drückt die **Nachzeitigkeit** aus: Das Geschehen des AcI wird sich nach dem Geschehen des Prädikats ereignen.

Agricola narrat asinum in silvam cursurum esse.
(Der Bauer erzählt, dass der Esel [gleich, später] in den Wald laufen wird.)

		1 Der einfache Satz

Pronomen im AcI

- Wenn das Subjekt des übergeordneten Satzes zugleich auch Subjekt des AcI ist, muss es im AcI in Form eines Personalpronomens noch einmal genannt werden.
  Ist das Subjekt des übergeordneten Satzes auch das des AcI und steht in der dritten Person, so braucht man statt des Personalpronomens ein **Reflexivpronomen.**

- Formen des Pronomens *is/ea/id* (↑ S. 22 f.) für die **dritte Person** Singular und Plural werden verwendet, wenn das Subjekt des AcI nicht das gleiche ist wie das des übergeordneten Satzes. Diese Formen beziehen sich dann auf eine andere bereits genannte Person oder Sache.

Scio **me** nihil scire.
(Ich weiß, dass **ich** nichts weiß.)

Marcus scit **se** aegrotum esse. (Marcus weiß, dass **er** [selbst] krank ist.)
Romani **se** principes omnium terrarum esse putabant. (Die Römer glaubten, dass **sie** [selbst] die Herren der Welt seien.)
Titus abest. Marcus scit **eum** aegrotum esse. (Titus ist nicht da. Marcus weiß, dass **er** [Titus] krank ist.)

BESONDERS NÜTZLICH

Verben mit unterschiedlicher Bedeutung

Je nach Konstruktion werden folgende Verben unterschiedlich übersetzt:

	mit AcI	**mit Finalsatz** (*ut/ne* [↑ S. 94, 101])
monere	erinnern	ermahnen
persuadere	überzeugen	überreden
concedere	zugeben	erlauben

1.7.3 Der Nominativus cum Infinitivo (NcI)

- Beim NcI (Nominativus cum Infinitivo) bilden ein Nominativ und ein Infinitiv zusammen eine Einheit, die von einem übergeordneten Verb abhängt. Dieses Verb steht im Passiv und erfordert im Aktiv einen AcI.
- Wie der AcI ist auch der NcI eine satzwertige Konstruktion (↑ S. 76) mit der Funktion eines **Subjekts.**

- Wie beim AcI gibt der Infinitiv das **Zeitverhältnis** (↑ S. 77) an.

Aktiv → AcI: Te amicum meum esse **putant.**
(Sie glauben, dass du mein Freund bist.)
Passiv → NcI: Tu amicus meus esse **putaris.**
(Du wirst als mein Freund betrachtet.)

Milites pontem rescindere iubentur.
(Es wird befohlen, **dass die Soldaten die Brücke einreißen.**)
Was wird befohlen?→ dass die Soldaten ...
- *gleichzeitig:* Non omnes beati **esse** videntur.
  (Nicht alle scheinen glücklich zu sein.)
- *vorzeitig:* Non omnes beati **fuisse** videntur.
  (Nicht alle scheinen glücklich gewesen zu sein.)

Die Übersetzung des NcI

Das lateinische persönliche Passiv des NcI kann im Deutschen so nicht wiedergegeben werden; man behilft sich mit unpersönlicher Konstruktion oder freier Übersetzung.

Homerus caecus fuisse **dicitur**.
– **Man sagt, dass** Homer blind war.
– Homer war, **wie man sagt**, blind.
– Homer **soll** blind gewesen sein.

BESONDERS NÜTZLICH
Verben mit dem NcI

Der NcI steht nach folgenden Verben (meist Formen der 3. Person Passiv):
videri (scheinen);
iuberi (befohlen/beauftragt werden);
videtur (er/sie scheint …);
fertur (man erzählt, dass …);
existimari/putari (geglaubt werden);
dicitur (man sagt; er/sie soll …).

1.8 Partizipialkonstruktionen

Participium coniunctum und Ablativus absolutus sind im Lateinischen häufig gebrauchte Partizipialkonstruktionen. Für die Übersetzung ist genau auf ihre Einbindung in den Satz zu achten.

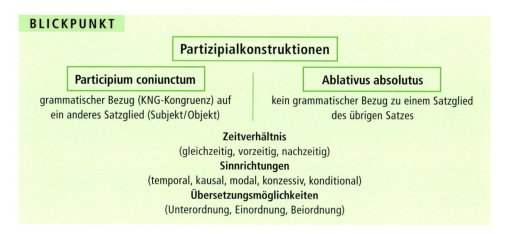

1.8.1 Das Participium coniunctum

Das Partizip kann in drei Zeiten, im Aktiv oder Passiv, gebildet werden (↑ S. 34). Das Partizip Perfekt Passiv (PPP) wird verwendet, um die Formen des Passivs im Perfekt, Plusquamperfekt und Futur II zu bilden (↑ S. 44). Alle drei Partizipien können als Participium coniunctum verwendet werden (↑ S. 80), das Partizip Perfekt Aktiv (PPA) und PPP darüber hinaus auch im Ablativus absolutus (↑ S. 81).

Gebrauch

- Das Participium coniunctum ist mit dem Subjekt oder mit dem Objekt eines Satzes verbunden *(coniunctum)*: Es steht mit seinem Bezugswort in **KNG-Kongruenz** (↑ S. 12).

- Es kann durch Objekte und Adverbialien ergänzt werden und ist eine satzwertige Konstruktion (↑ S. 76).

Orpheus voce dulci **cantans** omnes movet. (Orpheus bewegt alle, wenn er mit süßer Stimme singt.)
Orpheum voce dulci **cantentem** omnes amant. (Alle lieben [den] Orpheus, der mit süßer Stimme singt.)
Orpheus **carmina tristia semper** cantans animos omnium movet. (Orpheus bewegt die Herzen aller, weil er **immer traurige Lieder** singt.)

Das Zeitverhältnis

Das Partizip drückt aus, in welchem **zeitlichen Verhältnis** die Handlung des Participium coniunctum zur Handlung des Prädikats steht.

Das **Partizip Präsens** drückt die **Gleichzeitigkeit** (↑ S. 34, 95) aus:

Servae magna voce **cantantes** cenam parant (paraverunt).
(Während die Sklavinnen mit lauter Stimme **singen (sangen),** bereiten (bereiteten) sie das Essen vor.)

Das **Partizip Perfekt** drückt die **Vorzeitigkeit** (↑ S. 34, 95) aus:

Homines timore belli **liberati** pace diuturna gaudent (gaudebant).
(Nachdem die Menschen von der Furcht vor einem Krieg **befreit worden sind (worden waren),** freuen (freuten) sie sich über den lange währenden Frieden.)

Das **Partizip Futur** drückt die **Nachzeitigkeit** (↑ S. 35, 95) aus.

Me **adiuturus** venit. (Er kommt, um mir zu helfen.)

Die Übersetzung

Wenn das Partizip durch Objekte oder Adverbialien **erweitert** ist, ist eine wörtliche **Übersetzung** nicht möglich. Dann ergeben sich andere Übersetzungsmöglichkeiten.

Scipio | a senatu in Africam **missus** | Carthaginienses superavit.

- Unterordnung durch Adverbialsatz:

Nachdem Scipio vom Senat nach Afrika geschickt worden war, besiegte er die Karthager.

- Einordnung durch Präpositionalausdruck:

Nach Sendung des Scipio durch den Senat nach Afrika besiegte er die Karthager.

- Beiordnung durch Hauptsatz:

Scipio wurde vom Senat nach Afrika geschickt und besiegte **dann** die Karthager.

1.8 Partizipialkonstruktionen | **81**

SATZLEHRE

Sinnrichtungen

Das Participium coniunctum kann verschiedene **Sinnrichtungen** (↑ S. 79) ausdrücken. Sie lassen sich aus dem Kontext erschließen.

Orpheus voce dulci **cantans** omnia animalia movit.

temporal:	**Während / Als** Orpheus mit süßer Stimme sang, rührte er alle Lebewesen.
kausal:	**Weil** Orpheus mit süßer Stimme sang, rührte er alle Lebewesen.
modal:	**Indem** Orpheus mit süßer Stimme sang, rührte er alle Lebewesen.
konditional:	**Wenn** Orpheus mit süßer Stimme sang, rührte er alle Lebewesen.

Claudius ab omnibus **irrisus** imperium bene rexit.

Konzessiv:	**Obwohl** Claudius von allen verspottet wurde, regierte er das Reich gut.

	Unterordnung: Adverbialsatz	Einordnung: Präpositionalausdruck	Beiordnung: Hauptsatz
temporal (Zeit)			
gleichzeitig	während, als	während, bei	und währenddessen, und
vorzeitig	nachdem, als	nach	dabei,
nachzeitig	um danach zu ...		und danach
kausal (Grund)	da, weil	wegen, infolge (von)	und daher, und deshalb
konzessiv (Einräumung)	obwohl	trotz	und trotzdem, und dennoch
modal (Art und Weise)	indem, wobei; dadurch, dass	bei, durch	und dabei, und dadurch
konditional (Bedingung)	wenn	bei, im Fall	–

1.8.2 Der Ablativus absolutus

Gebrauch

- Der Ablativus absolutus besteht aus einem Substantiv im Ablativ und einem Partizip (PPP oder PPA) im Ablativ, die durch KNG-Kongruenz miteinander verbunden sind.
- Der Ablativus absolutus ist von allen übrigen Satzgliedern losgelöst *(absolutus)*.
- Der Ablativus absolutus ist eine **satzwertige Konstruktion** (↑ S. 76): Das Substantiv übernimmt die Stelle des Subjekts, das Partizip die Stelle des Prädikats.

PPP: militibus praemissis (nachdem Soldaten vorausgeschickt worden waren)
PPA: me rogante (als / während ich fragte)

1. Bellum confectum est.
2. Legatos ad Caesarem mittunt.
1. Der Krieg ist beendet worden.
2. Sie schicken Gesandte zu Caesar.
Bello confecto legatos ad Caesarem mittunt.
(Nachdem der Krieg beendet worden ist, schicken sie Gesandte zu Caesar.)

| 82 | 1 Der einfache Satz |

Das Zeitverhältnis

Das Partizip drückt aus, in welchem **zeitlichen Verhältnis** die Handlung des Ablativus absolutus zur Handlung des Prädikats steht.

Das **Partizip Präsens** drückt die **Gleichzeitigkeit** (↑ S. 77) aus:

Sole oriente milites proelium commiserunt.
(**Als/Während** die Sonne aufging, begannen die Soldaten den Kampf.)

Das **Partizip Perfekt** drückt die **Vorzeitigkeit** (↑ S. 77) aus:

Signo dato milites proelium commiserunt.
(**Nachdem** das Zeichen gegeben worden war, begannen die Soldaten den Kampf.)

Die Übersetzung

Eine wörtliche Übersetzung des Ablativus absolutus ist nicht möglich, da es diese Konstruktion im Deutschen nicht gibt. Es ergeben sich folgende Möglichkeiten:

Gallis victis Caesar Romam revertit.

- Unterordnung durch Adverbialsatz:

  Nachdem/Weil die Gallier besiegt worden waren, kehrte Caesar nach Rom zurück.

- Einordnung durch Präpositionalausdruck:

  Nach dem Sieg über die Gallier kehrte Caesar nach Rom zurück.

- Beiordnung durch Hauptsatz:

  Die Gallier waren besiegt worden, **und daraufhin/deshalb** kehrte Caesar nach Rom zurück.

Sinnrichtungen

Der Ablativus absolutus drückt verschiedene Sinnrichtungen (↑ S. 79) aus.

Multis militibus interfectis proelium finivit.

temporal: **Nachdem** viele Soldaten getötet worden waren, beendete er den Kampf.
kausal: **Weil** viele Soldaten getötet worden waren, beendete er den Kampf.

Multis senatoribus resistentibus Caesar consilium cepit.

konzessiv: **Obwohl** viele Senatoren sich widersetzten, fasste Caesar den Plan.
modal: Caesar fasste den Plan, **wobei** viele Senatoren sich widersetzten.

BESONDERS NÜTZLICH

Der nominale Ablativus absolutus

Eine Sonderform ist der nominale oder verkürzte Ablativus absolutus, bei dem anstelle des Partizips ein zweites Substantiv oder Adjektiv im Ablativ erscheint:

Caesare duce (unter der Führung Caesars); **Augusto vivo** (zu Lebzeiten des Augustus);
me auctore (auf meine Veranlassung); **Cicerone consule** (während Ciceros Konsulat);
Tarquinio rege (unter der Herrschaft des Tarquinius); **patre invito** (gegen den Willen des Vaters).

1.9 Gerundium und Gerundivum | **83**

1.8.3 Das attributive Partizip

Gebrauch

- Das attributive Partizip steht wie ein Adjektiv-Attribut in **KNG-Kongruenz** (↑ S. 12) zu seinem Bezugswort und erläutert es.
- Es wird auf folgende Arten übersetzt:
  – wörtlich,
  – mit Relativsatz.

Pueri in silva **ludentes** bestiam ingentem viderunt. (Die Kinder, die im Wald spielten, sahen ein riesiges Tier.)

Die im Wald **spielenden** Kinder ...
Die Kinder, **die im Wald spielten,** ...

1.9 Gerundium und Gerundivum

1.9.1 Das Gerundium

Das Gerundium (↑ S. 35) ist ein Verbalsubstantiv und ersetzt die fehlenden Kasus beim **substantivierten Infinitiv** Präsens Aktiv. Es kommt nur im Singular vor.

Gebrauch

- Das Gerundium kann mit einem Infinitiv oder als Substantiv übersetzt werden.
- Der **Genitiv** des Gerundiums steht
  – attributiv bei bestimmten Substantiven
  – bei Adjektiven, die ihre Ergänzung im Genitiv haben
  – nach den Ablativen *causā* und *gratiā* (um ... willen, wegen)
- Der **Akkusativ** steht nur bei Präpositionen, meist mit *ad* zur Angabe eines Zwecks, und wird übersetzt mit „zu" / „zum" / „zur".
- Der **Ablativ** steht mit und ohne Präposition, besonders nach *in* und *de*. *In* wird dann übersetzt mit „bei" / „beim".
- Der **Dativ** kommt selten vor.

studium discendi: der Eifer **zu lernen** / der Eifer **des Lernens** / der Lerneifer

ars **vivendi** (die Kunst zu leben)
Puer **cupidus ludendi** est.
(Der Junge ist begierig zu spielen.)
Discendi causa in scholam it.
(**Um zu lernen,** geht er in die Schule.)
Milites **ad pugnandum** parati sunt.
(Die Soldaten sind bereit **zu kämpfen.**)

In pugnando alter alteri non parcit.
(**Beim Kämpfen** schont der eine den anderen nicht.)

- Den Eigenschaften eines Verbs entsprechend, kann ein Gerundium erweitert werden
  – durch adverbiale Bestimmungen,

  – durch Objekte.
- Das erweiterte Gerundium ist eine satzwertige Konstruktion (↑ S. 76).

Diligenter legendo multa disces. (Durch **sorgfältiges** Lesen wirst du vieles lernen.)
Bonos libros legendo multa disces. (Durch das Lesen **guter Bücher** wirst du vieles lernen.)

SATZLEHRE

| 84 | 1 Der einfache Satz |

1.9.2 Das Gerundivum

Das Gerundivum (↑ S. 35 f.) ist ein **vom Verb abgeleitetes Adjektiv** (Verbaladjektiv). Wie ein Adjektiv steht es in KNG-Kongruenz zu seinem Bezugswort und erscheint im Singular und Plural in allen drei Geschlechtern.

Die attributive Verwendung

Gebrauch

Die attributive Verwendung ist nur bei transitiven (↑ S. 63) Verben möglich. Das Gerundivum steht mit seinem Bezugswort meist

- im Nominativ: Übersetzung mit Adjektiven auf „-wert" oder „-lich",
- im Genitiv,

- im Ablativ oder
- mit einem Präpositionalausdruck und wird dann mit „zu"/„zum"/„zur" übersetzt.

Im Deutschen wird das Gerundivum oft zu einem Substantiv, von dem dann das Bezugswort abhängt.

homo laudandus (ein Mensch, der gelobt wird/werden soll; ein lobenswerter Mensch)
cupiditas belli gerendi (die Begierde, Krieg zu führen)

bello conficiendo (durch Beenden des Kriegs)
ad urbem oppugnandam (um die Stadt zu bestürmen)
flumine transeundo

durch die Überquerung des Flusses

Die prädikative Verwendung

Gebrauch

Als **Prädikativum** steht das Gerundivum bei bestimmten Verben und bezeichnet dann den Zweck einer Handlung. Es wird übersetzt mit „um … zu"/„zu"/„zur".

curare (lassen), mittere (schicken), praebere (überlassen), tradere (übergeben).
Imperator militibus **oppidum diripiendum** tradidit. (Der Feldherr überließ den Soldaten die Stadt **zur Plünderung.**)

Die Verwendung als Prädikatsnomen

Gebrauch

- Zusammen mit einer Form von esse gibt das Gerundivum als **Prädikatsnomen** an, dass etwas getan werden muss oder aber, bei Verneinung, nicht getan werden darf.
- Die Person, die etwas tun muss oder nicht darf, steht im **Dativus Auctoris** (↑ S. 68). Im Deutschen ist die aktivische Übersetzung besser als die passivische.
- Bei transitiven Verben (↑ S. 63) wird das Gerundivum persönlich konstruiert, d.h., das Gerundivum steht mit seinem Bezugswort in KNG-Kongruenz.
- Bei intransitiven Verben (↑ S. 67) wird unpersönlich konstruiert, d.h., das Gerundivum erscheint im Neutrum Singular.

Marcus laudandus est. (Marcus **muss** gelobt werden.)
Iniuriae ferendae non sunt. (Ungerechtigkeiten **dürfen nicht** hingenommen werden.)
Amicus mihi adiuvandus est.
– *Passiv:* Der Freund muss **von mir** unterstützt werden.
– *Aktiv:* **Ich** muss dem Freund helfen.
Discipulus laudandus est. (Der Schüler muss gelobt werden.)
Discipuli laudandi sunt. (Die Schüler müssen gelobt werden.)
Obtemperandum est. (Es muss gehorcht werden./Man muss gehorchen.)

1.10 Die Tempora und ihre Funktionen

Zwischen Tempus (Zeit im Prädikat) und Zeitstufe (Gegenwart, Vergangenheit oder Zukunft) ist zu unterscheiden. Die Tempora können den Zeitstufen zugeordnet werden.

BLICKPUNKT

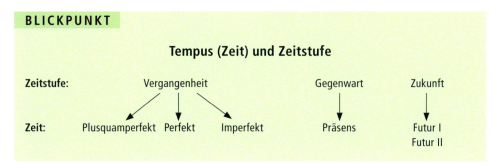

1.10.1 Das Präsens

Gebrauch

- Das Präsens (↑ S. 38) bezeichnet gegenwärtige Handlungen oder Ereignisse.
- Es bezeichnet, besonders in Sprichwörtern, allgemeingültige Feststellungen (**generelles Präsens**).
- In historischen Erzählungen wird das Präsens verwendet, um ein vergangenes Geschehen möglichst lebhaft, anschaulich oder spannend darzustellen (**historisches Präsens**). In der Übersetzung kann hier Präsens oder Imperfekt gewählt werden.

Cicero consul orationem **habet**.
Der Konsul Cicero **hält** eine Rede.
Animus immortalis **est**.
Die Seele **ist** unsterblich.

Iterum iterumque Germani ad pugnam **lacessebantur**. Denique arma **capiunt** et bellum **ineunt**.
Immer wieder **wurden** die Germanen zum Kampf **gereizt**. Schließlich **greifen** sie zu den Waffen und **beginnen** den Krieg.

BESONDERS NÜTZLICH
Der historische Infinitiv

In der lebhaften Darstellung von Handlungen oder Ereignissen wird manchmal anstelle einer finiten Verbform der Infinitiv Präsens verwendet. Als historischer Infinitiv wird der Infinitiv wie eine finite Verbform übersetzt.

Romani **festinare**, **parare**, alius alium **hortari**,
Die Römer **handelten** schnell, **bereiteten** sich vor, **ermutigten** einander,

hostibus obviam **ire**, libertatem, patriam parentisque armis **tegere**.
gingen dem Feind **entgegen**, **schützen** Freiheit, Vaterland und Eltern mit ihren Waffen.
(Sall. Con. 6, 5)

| 86 | 1 Der einfache Satz |

1.10.2 Das Imperfekt

Gebrauch

Das Imperfekt (↑ S. 39) stellt Handlungen oder Geschehnisse der Vergangenheit unter einem bestimmtem Aspekt dar. Es bezeichnet:

- Nebenumstände, die die Haupthandlung begleiten oder erläutern **(cum inversivum;** ↑ **S. 100);**

  Nox **erat,** cum (subito) Graeci Troianos petiverunt.
  Es war Nacht, als die Griechen (plötzlich) die Trojaner angriffen.

- Zustände oder andauernde Handlungen in der Vergangenheit **(durativer Aspekt);**

  Multos annos Graeci Troiam **oppugnabant.**
  Viele Jahre lang belagerten die Griechen Troja.

- Wiederholungen von Handlungen in der Vergangenheit **(iterativer Aspekt);**

  Iterum et iterum Romani contra Germanos bellum **gerebant.**
  Immer wieder führten die Römer Krieg gegen die Germanen.

- den (wiederholten) Versuch einer Handlung **(Imperfectum de Conatu).**

  Laocoon sacerdos Troianos **monebat.**
  Der Priester Laocoon **versuchte** (verzweifelt), die Trojaner zu warnen.

1.10.3 Das Futur I

Gebrauch

- Das Futur I (↑ S. 41) bezeichnet eine Handlung oder ein Geschehen, das aus Sicht des Sprechers in der **Zukunft** eintreten wird.

  Cras Marcus apud amicum **erit** et multa ei narrabit.
  Morgen **wird** Marcus bei seinem Freund **sein** und **wird** ihm vieles **erzählen.**

- Das lateinische Futur I kann als Präsens übersetzt werden, wenn auch der lateinische Satz temporale Adverbien enthält, die auf die Zukunft hinweisen.

  Cras/Mox/Proxima hieme rus migrabo.
  Morgen/Bald/Im nächsten Winter wandere ich aufs Land.

1.10 Die Tempora und ihre Funktionen | **87**

1.10.4 Das Perfekt

Gebrauch

- Das Perfekt (↑ S. 42 f.) ist das lateinische Erzähltempus zur Darstellung einmaliger, vollendeter Handlungen und Ereignisse in der Vergangenheit **(historisches Perfekt)**. Es wird übersetzt mit Präteritum, dem deutschen Erzähltempus.
- Meist in der wörtlichen Rede bezeichnet das Perfekt abgeschlossene Handlungen oder Ereignisse der Vergangenheit, die der Sprecher vom Standpunkt der Gegenwart aus feststellt oder beurteilt **(konstatierendes Perfekt)**. Im Deutschen wird es mit Perfekt wiedergegeben.

Antiquis temporibus Romulus et Remus a lupa **inventi** et **nutriti sunt.** Postea urbem Romam **condiderunt.**
In alten Zeiten **wurden** Romulus und Remus von einer Wölfin gefunden und ernährt. Später **gründeten** sie Rom.

Faustulus fratribus narravit: „Ego vos **inveni** et mecum **abduxi.**"
Faustulus erzählte den Brüdern: „Ich **habe** euch **gefunden** und mit mir **mitgenommen.**"

1.10.5 Das Plusquamperfekt

Gebrauch

Das Plusquamperfekt (↑ S. 43 f.) bezeichnet ein Geschehen, das noch vor einem anderen Ereignis der Vergangenheit liegt **(Vorvergangenheit)**. Es wird im Deutschen ebenfalls mit dem Plusquamperfekt wiedergegeben.

Heri Marcus in amphitheatro fuit et ludos spectavit. Multi homines eo **properaverant.**
Gestern war Marcus im Amphitheater und betrachtete die Spiele. Viele Menschen **waren** dorthin **geeilt.**

1.10.6 Das Futur II

Gebrauch

- Das Futur II (↑ S. 44) bezeichnet ein Geschehen in der Zukunft, das dort noch vor einem anderen zukünftigen Geschehen bereits als abgeschlossen gilt.
- Im Deutschen ist das Futur II eher ungebräuchlich und wird meist mit dem Präsens oder Perfekt übersetzt.

Qui Romam **venerit,** Colosseum visitabit. Forum Romanum visitabit, si quis viam **monstraverit.**

Wer nach Rom **kommt,** der wird das Colosseum besuchen.
Das Forum Romanum wird er besuchen, wenn (ihm) jemand den Weg **zeigt / gezeigt hat.**

SATZLEHRE

| 88 | 1 Der einfache Satz |

1.11 Die Modi: Indikativ, Konjunktiv und Imperativ

Der Modus bezeichnet die **Aussageweise** und kann neben der objektiven Wirklichkeit auch eine Einsicht oder Absicht eines Sprechers wiedergeben.

1.11.1 Der Indikativ

Der Indikativ ist der Modus der Wirklichkeit.

Der Indikativ wird wie im Deutschen verwendet, wenn man ein Geschehen als zutreffend und tatsächlich darstellen möchte. Abweichend vom Deutschen steht der Indikativ im Lateinischen bei – bestimmten unpersönlichen Ausdrücken, – rhetorischen Fragen, – paene (beinahe). Im Deutschen steht hier der Konjunktiv.	Omnes homines mortales **sunt.** (Alle Menschen **sind** sterblich.) Longum **est.** (Das **würde** zu weit führen.) Quis **negat?** (Wer **würde** leugnen?) Paene **cecidi.** (Beinahe **wäre** ich gefallen.)

1.11.2 Der Konjunktiv

Der Konjunktiv ist der Modus der Vorstellung. Er stellt ein Geschehen als möglich, gewünscht oder **nicht wirklich** dar.

Hortativ

Die **1. Person Plural Konjunktiv Präsens** drückt eine **Aufforderung** aus, in die der Sprecher sich selbst mit einschließt. Der Hortativ wird im Deutschen wiedergegeben mit:
„lasst uns …"/„wir wollen …". Verneint wird er mit *nē*.

Gaudeamus! (Lasst uns fröhlich sein!)
Ne desperemus! (Wir wollen nicht verzweifeln!)

Deliberativ/Dubitativ

Meist in der **1. Person** drückt der Konjunktiv in **Wortfragen** (↑ S. 92) **Zweifel** oder **Überlegungen** aus. Im Deutschen kann er mit „sollen" wiedergegeben werden.
■ Der Deliberativ der Gegenwart steht im Konjunktiv Präsens.

  Quid faciam? (Was soll ich tun?)

■ Der Deliberativ der Vergangenheit steht im Konjunktiv Imperfekt.

  Quid facerem? (Was hätte ich tun sollen?)

1.11 Die Modi: Indikativ, Konjunktiv und Imperativ | 89

Iussiv

Die **3. Person Singular** oder **Plural Konjunktiv Präsens** drückt eine **Aufforderung** an Dritte aus.
Der Iussiv wird im Deutschen mit „sollen" übersetzt.

Homines deos adorent! (Die Menschen sollen die Götter anbeten!)

Prohibitiv

Ne mit folgendem **Konjunktiv Perfekt** drückt in **der 2. Person Singular** oder **Plural** einen **verneinten Befehl** aus (↑ S. 90).

Ne riseris! (Lach nicht!) Ne riseritis! (Lacht nicht!)

Optativ

Bei Wunschsätzen (↑ S. 92) unterscheidet man **erfüllbare** oder **unerfüllbare**. Verneint werden sie mit *ne*.
- **Erfüllbare Wünsche** werden meist durch *utinam* (hoffentlich) oder *velim* eingeleitet. Der **Konjunktiv Präsens** steht in erfüllbaren Wünschen der Gegenwart, der **Konjunktiv Perfekt** in erfüllbaren Wünschen der Vergangenheit.

  Utinam dei navem **servent!** (**Hoffentlich** retten die Götter das Schiff!)
  Utinam dei navem **servaverint!** (**Hoffentlich** haben die Götter das Schiff gerettet!)

- **Unerfüllbare Wünsche** werden stets durch *utinam* (wenn doch) oder *vellem* eingeleitet. Der **Konjunktiv Imperfekt** steht in unerfüllbaren Wünschen der Gegenwart, der **Konjunktiv Plusquamperfekt** in unerfüllbaren Wünschen der Vergangenheit.

  Utinam dei navem **servarent!** (**Wenn** die Götter **doch** das Schiff retten würden!)
  Utinam dei navem **servavissent!** (**Wenn** die Götter das Schiff **doch** gerettet hätten!)

Potenzialis

In potenzialen Aussage- und Fragesätzen (↑ S. 91) wird ein Geschehen als möglich aufgefasst. Verneint werden sie mit *nōn*.
- Der **Konjunktiv Präsens** oder der **Konjunktiv Perfekt** stehen in potenzialen Aussage- und Fragesätzen der Gegenwart. Wiederzugeben sind sie im Deutschen durch Formulierungen mit „könnte", „dürfte", „wohl" oder „wahrscheinlich".

  Hoc nemo **credat/crediderit.** (Dies möchte niemand glauben/glaubt wohl niemand.)
  Quis hoc **credat/crediderit?** (Wer möchte das glauben?)

- Der **Konjunktiv Imperfekt** steht in potenzialen Aussage- und Fragesätzen der Vergangenheit.

  Nemo hoc **diceret.** (Niemand hätte dies sagen können.)
  Quis hoc **diceret?** (Wer hätte das gesagt?)

Irrealis

In irrealen Aussagesätzen (↑ S. 91) wird ein Geschehen als nicht wirklich dargestellt. Verneint wird mit *nōn*.
- Der **Konjunktiv Imperfekt** steht in irrealen Sätzen der **Gegenwart**.

  Fortasse dubitares. (Du würdest vielleicht zweifeln.)

- Der **Konjunktiv Plusquamperfekt** steht in irrealen Sätzen der **Vergangenheit**.

  Fortasse dubitavisses. (Du hättest vielleicht gezweifelt.)

SATZLEHRE

90 | **1 Der einfache Satz**

1.11.3 Der Imperativ

Der Imperativ (↑ S. 42) ist der Modus des **Befehls.**

■ Der Imperativ drückt eine Aufforderung (Wunsch, Bitte, Befehl, Verbot) aus. Er ist an die 2. Person Singular oder 2. Person Plural gerichtet. ■ Verneint wird der Imperativ durch *ne* + 2. Person Konjunktiv Perfekt (Prohibitiv ↑ S. 89) oder durch die Umschreibung *noli/nolite* + Infinitiv.	Lege! (Lies!); Legite! (Lest!) **Labora** et sedulus **es!** (Arbeite und sei fleißig!) Ne me tetigeris! (Fass mich nicht an!) Ne me tetigeritis! (Fasst mich nicht an!) Noli me tangere! (Fass mich nicht an!) Nolite me tangere! (Fasst mich nicht an!)

1.12 Die Genera Verbi: Aktiv und Passiv

Als Genus Verbi bezeichnet man die **Handlungsart des Verbs:** Es zeigt an, wie eine Person oder eine Sache an einer Handlung beteiligt ist.

1.12.1 Aktiv

Gebrauch	
Das Aktiv wird verwendet, wenn eine Person oder Sache als **Urheber** eines Geschehens dargestellt werden soll.	**Pueri** magistrum **salutant.** (Die **Jungen begrüßen** den Lehrer.)

1.12.2 Passiv

Gebrauch	
■ Im Unterschied zum Aktiv wird beim Passiv nicht die Person als Urheber der Handlung, sondern die **Handlung** selbst betont.	Magister **salutatur.** (Der Lehrer **wird begrüßt.**)
■ Alle transitiven Verben (↑ S. 63) können ein **persönliches Passiv** bilden. Dabei wird die handelnde Person benannt durch die Präposition *a/ab* mit Ablativ (↑ S. 71). ■ Intransitive Verben (↑ S. 67) können nur ein **unpersönliches Passiv** in der 3. Person Singular bilden.	Magister **a pueris** salutatur. (Der Lehrer wird **von den Jungen** begrüßt.) pugnatur (es wird gekämpft) pugnatum est (es wurde gekämpft)

BESONDERS NÜTZLICH

Übersetzung des Passivs

Für die Übersetzung lateinischer passiver Verbformen gibt es neben der Wiedergabe im Passiv weitere Möglichkeiten.

- Ist die handelnde Person nicht angegeben, so steht oft das unpersönliche Subjekt *man,* und die passive Form wird aktivisch übersetzt.
  Legati ad senatum **mittuntur.**
  (**Man** schickt Gesandte zum Senat./Gesandte werden zum Senat geschickt.)

- Passive Verbformen können auch durch reflexive Verben wiedergegeben werden.
  Tempora **mutantur.**
  (Die Zeiten **ändern sich.**)

- Passive Verbformen können auch umschrieben werden mit *sich … lassen.*
  Flumen Rhenus nonnullis locis **transitur.**
  (Der Rhein **lässt sich** an einigen Stellen überqueren.)

1.13 Der einfache Satz

Der einfache Satz, auch **Hauptsatz** genannt, ist ein selbstständiger Satz, der für sich allein stehen kann und von keinem anderen Satz abhängt. Man unterscheidet zwischen dem Aussage-, Begehr-, und Fragesatz.

1.13.1 Der Aussagesatz

- In Aussagesätzen, die eine Aussage als **wirklich** darstellen, steht der **Indikativ.** Aussagesätze im Indikativ werden mit *non* verneint.

  Omnes homines mortales sunt. (Alle Menschen sind sterblich.)

- In **potenzialen Aussagesätzen** der Gegenwart und der Vergangenheit wird eine Aussage als möglich aufgefasst. Sie stehen im **Konjunktiv** (↑ S. 89).

  Gegenwart: Hic **dicat/dixerit** aliquis. (Da **könnte/dürfte wohl** einer sagen.)
  Vergangenheit: Hoc non **putares.** (Du **hättest** dies **wohl** nicht geglaubt.)

- In **irrealen Aussagesätzen** der Gegenwart und der Vergangenheit wird eine Aussage als nicht wirklich dargestellt. Sie stehen im **Konjunktiv** (↑ S. 89).

  Gegenwart: Sine te non **servarer.** (Ohne dich **würde** ich nicht **gerettet.**)
  Vergangenheit: Sine te **servatus** non **essem.** (Ohne dich **wäre** ich nicht **gerettet worden.**)

1.13.2 Der Fragesatz

Der Fragesatz kann, genau wie der Aussagesatz, im Indikativ oder Konjunktiv stehen. Beim Deliberativ (↑ S. 88) bringt der Konjunktiv Überlegungen oder Zweifel zum Ausdruck.

Wortfragen werden mit einem Fragewort eingeleitet und beziehen sich nur auf ein einzelnes Wort.

Quis villam intrat? (**Wer** betritt das Landhaus?)

Satzfragen beziehen sich auf den Inhalt des ganzen Satzes. Sie werden eingeleitet durch **Fragepartikel**, die erkennen lassen, welche Antwort der Fragende erwartet:
- **-ne** (bleibt unübersetzt): Die erwartete Antwort bleibt *offen*.

  Fabulane te delectat? (Erfreut dich die Geschichte?)

- **nönne** (doch wohl/etwa nicht): Als Antwort wird ein *Ja* erwartet.

  Nonne fabula te delectat? (Erfreut dich die Geschichte etwa nicht? Doch, ja!)

- **num** (doch wohl nicht/etwa): Als Antwort wird ein *Nein* erwartet.

  Num fabula te delectat? (Erfreut dich die Geschichte etwa? Nein!)

Doppelfragen stellen Möglichkeiten zur Wahl:
Das erste Glied wird durch ein im Deutschen unübersetztes *utrum* oder angehängtes *-ne* eingeleitet, das zweite Glied durch *an* (oder).

Utrum manemus **an** abimus?
Manemus**ne an** abimus?   } (Bleiben wir oder gehen wir?)
Manemus **an** abimus?

1.13.3 Der Begehrsatz

Mit einem Begehrsatz wird ausgedrückt, dass etwas verwirklicht werden soll. Man unterscheidet **Befehlssätze** und **Wunschsätze.**

Befehle und **Aufforderungen** werden ausgedrückt durch den
- **Imperativ** (↑ S. 90):

  Lege! (Lies!); Legite! (Lest!)

- **Konjunktiv** (↑ S. 88 f.: Iussiv, Hortativ):

  Cantemus! (Lasst uns singen!)
  Nunc laeti simus! (Wir wollen nun fröhlich sein!)

Erfüllbare und unerfüllbare **Wunschsätze** (↑ S. 89) stehen im **Konjunktiv.**

Utinam dei nobis **adiuvent!** (Hoffentlich helfen uns die Götter!)
Utinam **tacuisses!** (Wenn du doch geschwiegen hättest!)

2 Der zusammengesetzte Satz

Der zusammengesetzte Satz ist eine Verbindung aus zwei oder mehr Teilsätzen. Sind diese Teilsätze **beigeordnet,** also selbstständig, so bilden sie eine **Satzreihe.** Wenn sie einander über- und **untergeordnet** sind, entsteht ein **Satzgefüge.**

BLICKPUNKT

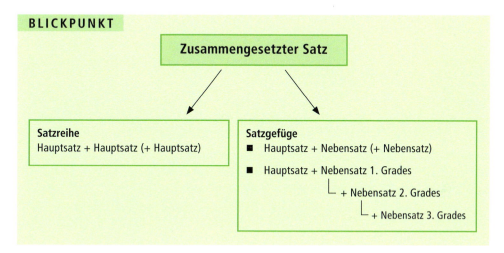

2.1 Die Satzreihe

2.1.1 Unverbundene Satzreihen

Merkmale

Die Sätze einer Satzreihe können **unverbunden** (asyndetisch) nebeneinander stehen.	Veni, vidi, vici. (Ich kam, sah und siegte.) Verba docent, exempla trahunt. (Worte belehren, Beispiele reißen mit.)

2.1.2 Verbundene Satzreihen

Merkmale

Die Sätze einer Satzreihe können durch <ul><li>**beiordnende Konjunktionen** (Verbindungswörter) oder</li><li>durch **Pronomen** (Fürwörter, ↑ S. 20) miteinander verbunden sein.</li></ul>	Nox erat **et** omnes dormiebant. (Es war Nacht, und alle schliefen.) Legamus poetas, **qui** carissimi sunt nobis! (Lasst uns die Dichter lesen, diese sind für uns sehr wertvoll!)

2 Der zusammengesetzte Satz

Beiordnende Konjunktionen	
et, -que, atque (und)	*et ... et* (sowohl ... als auch)
etiam, quoque (auch)	*neque ... neque* (weder ... noch)
neque, nec (und nicht, auch nicht)	*nec ... nec* (weder ... noch)
aut (oder)	*aut ... aut, vel ... vel* (entweder ... oder)
sed, autem, vero, at (aber)	*non modo ... sed etiam* (nicht nur ... sondern auch)
tamen (dennoch, trotzdem)	*ergo, itaque, igitur* (also, daher)
nam, enim (denn, nämlich)	*sive ... sive* (sei es, dass ... oder dass)

2.2 Das Satzgefüge

2.2.1 Der Modus (Aussageweise) im Nebensatz

Je nach Aussageabsicht können Nebensätze im **Indikativ** oder **Konjunktiv** stehen. Der Indikativ drückt eine Tatsache oder Wirklichkeit aus. Der Konjunktiv bringt eine Möglichkeit, eine Absicht oder einen Wunsch zum Ausdruck.

Indikativ

Gebrauch	
Der Indikativ steht in Nebensätzen, die eine Aussage als **objektive Tatsache** darstellen.	*Dolebat, quod filia eius mortua erat.* (Er trauerte, dass seine Tochter gestorben war.)

Konjunktiv

Gebrauch	
Der Konjunktiv steht in Nebensätzen, deren Inhalt im Bereich des **Möglichen, Nichtwirklichen** liegt. Dazu gehören:	
■ Nebensätze, die sich aus **unabhängigen Aussagesätzen** im Konjunktiv herleiten (↑ S. 89 Potenzialis, Irrealis).	*Si quis desit, aegrum sit.* (Wenn jemand fehlen sollte, wird er wohl krank sein.)
■ Nebensätze, die sich aus **unabhängigen Wunsch- oder Aufforderungssätzen** im Konjunktiv (↑ S. 88 f.) oder Imperativ (↑ S. 90) herleiten.	*Optamus, ut pater salvus redeat.* (Wir wünschen, dass der Vater wohlbehalten heimkehrt.)
■ Nebensätze, deren Inhalt wiedergegeben wird als Meinung einer anderen Person (oft das Subjekt des regierenden Satzes). Alle auf diese Art **innerlich abhängigen Nebensätze** stehen im „Konjunktiv der fremden Meinung": **coniunctivus obliquus.**	*Pater filium suum necari iussit, quod is contra imperium suum pugnavisset.* (Der Vater ließ seinen Sohn hinrichten, weil dieser gegen seinen Befehl gekämpft habe.)
■ **Finalsätze** und **abhängige Fragesätze** gelten im Lateinischen als Äußerung des übergeordneten Subjekts und stehen ebenfalls im coniunctivus obliquus.	*Pater a filio quaesiverat, cur sibi non paruisset.* (Der Vater hatte den Sohn gefragt, warum er ihm nicht gehorcht habe.)

2.2 Das Satzgefüge | 95

BESONDERS NÜTZLICH

Indirekte Reflexivität im Coniunctivus obliquus

Aufgrund ihrer engen Rückbeziehung auf das Subjekt des Hauptsatzes stehen in innerlich abhängigen Nebensätzen **Personal- und Possessivpronomen der 3. Person** in **reflexiver** Form:

- Nebensatz als Meinung der sprechenden Person:
  Marcus omnes libros, quos pater **eius** relique**rat,** mihi donavit.
  Markus hat alle Bücher, die sein Vater hinterlassen hatte, mir geschenkt.

- Nebensatz als Meinung eines anderen:
  Marcus omnes libros, quos pater **suus** reliqu**isset,** mihi donavit.
  Markus hat alle Bücher, von denen er meinte, sein Vater habe sie hinterlassen, mir geschenkt.

Ein Reflexivpronomen, welches sich auf das Subjekt des übergeordneten Satzes bezieht, heißt **indirekt reflexiv.**

2.2.2 Das Tempus im Nebensatz

BLICKPUNKT

Das Verhältnis der Handlung des Nebensatzes zu der Handlung des Hauptsatzes

- **Vorzeitigkeit:**   Die Handlung im Nebensatz liegt **vor** der Handlung im Hauptsatz.
- **Gleichzeitigkeit:**   Die Handlung von Haupt- und Nebensatz findet **gleichzeitig** statt.
- **Nachzeitigkeit:**   Die Handlung im Nebensatz liegt **nach** der Handlung im Hauptsatz.

Das Zeitverhältnis zwischen indikativischem Nebensatz und Hauptsatz

Regeln für die Verwendung der Zeiten	
Wenn die Handlung des Nebensatzes gleichzeitig zu der des übergeordneten Satzes liegt **(Gleichzeitigkeit)**, stimmen beide Sätze im Tempus überein.	Dum spiro, vivo. (Solange ich atme, lebe ich.) Veniam, cum potero. (Ich werde kommen, wenn ich kann.)
Liegt die Handlung des Nebensatzes vor der des übergeordneten Satzes **(Vorzeitigkeit)**, so wird dies im Nebensatz kenntlich:	
- durch das **Perfekt,** wenn im übergeordneten Satz **Präsens** steht.	Qui divitias sibi comparavit, in invidiam venit. (Wer Reichtum erworben hat, wird beneidet.)
- durch das **Plusquamperfekt,** wenn im übergeordneten Satz ein **Vergangenheitstempus** (Imperfekt, Perfekt, Plusquamperfekt) steht.	Quod Caesar gloriam sibi comparaverat, a populo amatus est. (Weil Cäsar Ruhm erworben hatte, wurde er vom Volk geliebt.)
- durch das **Futur II,** wenn im übergeordneten Satz **Futur I** steht.	Si multum laboraveris, laudaberis. (Wenn du viel arbeitest, wirst du gelobt [werden].)

SATZLEHRE

96	2 Der zusammengesetzte Satz

BESONDERS NÜTZLICH

Das Zeitverhältnis im Überblick

Übergeordneter Satz	Indikativischer Nebensatz	
	gleichzeitig	vorzeitig
Präsens	**Präsens**	**Perfekt**
Venio,	cum possum;	cum vocatus sum.
Ich komme,	wenn ich kann;	wenn ich gerufen werde (worden bin).
Vergangenheitstempus	**Vergangenheitstempus**	**Plusquamperfekt**
Veniebam,	cum poteram;	cum vocatus eram.
Ich kam,	wenn ich konnte;	wenn ich gerufen wurde (worden war).
Futur I	**Futur I**	**Futur II**
Veniam,	cum potero;	cum vocatus ero.
Ich werde kommen,	wenn ich kann;	wenn ich gerufen werde (↑ S. 87).

Das Zeitverhältnis zwischen konjunktivischem Nebensatz und Hauptsatz (Consecutio Temporum)

Regeln für die Verwendung der Zeiten

Ist die Handlung des Nebensatzes **vorzeitig** zu der des übergeordneten Satzes, so steht:
- bei Bezug auf Präsens oder Futur → **Konjunktiv Perfekt**

Scio/sciam,	quid egeris.
Ich weiß/werde wissen,	was du getan hast.

- bei Imperfekt, Perfekt oder Plusquamperfekt → **Konjunktiv Plusquamperfekt**

Sciebam,	quid fecisses.
Ich wusste,	was du getan hattest.

Ist die Handlung des Nebensatzes **gleichzeitig** zu der des übergeordneten Satzes, so steht:
- bei Bezug auf Präsens oder Futur → **Konjunktiv Präsens**

Scio/sciam,	quid facias.
Ich weiß/werde wissen,	was du tust.

- bei Imperfekt, Perfekt oder Plusquamperfekt → **Konjunktiv Imperfekt**

Sciebam,	quid faceres.
Ich wusste,	was du tatest.

Ist die Handlung des Nebensatzes **nachzeitig** zu der des übergeordneten Satzes, so wird PFA (Partizip Futur Aktiv) + Konjunktiv Präsens/Konjunktiv Imperfekt von *esse* verwendet – die sogenannte **Coniugatio periphrastica:**
- bei Bezug auf Präsens oder Futur → *-urus sim*

Scio/sciam,	quid facturus sis.
Ich weiß/werde wissen,	was du tun wirst.

- bei Imperfekt, Perfekt oder Plusquamperfekt → *-urus essem*

Sciebam,	quid facturus esses.
Ich wusste,	was du tun würdest.

BESONDERS NÜTZLICH
Die Consecutio Temporum im Überblick

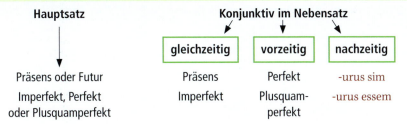

Absolutes (selbstständiges) Tempus in konjunktivischen Nebensätzen

In einigen Fällen stehen Nebensätze nicht in der zum Hauptsatz geregelten Zeitenfolge, sondern losgelöst im **absoluten (selbstständigen)** Tempus:

- Konsekutivsätze (↑ S. 101), die bis in die Gegenwart nachwirken:

  Cicero tam iustum se praestitit, ut summa laude dignus sit.
  (Cicero erwies sich als so gerecht, dass er höchste Anerkennung verdient.)

- Konsekutivsätze, in denen ein historischer Tatbestand festgestellt wird (konstatierendes Perfekt [↑ S. 87]):

  In tanta inopia decessit, ut nihil reliquerit, unde efferetur.
  (Er starb in so großer Armut, dass er nichts hinterließ, wovon er hätte bestattet werden können.)

- Nebensätze mit einem Irrealis (↑ S. 89), einem Potenzialis (↑ S. 89) oder Dubitativus der Vergangenheit (↑ S. 88):

  Quaero a te, cur eum non defenderem.
  (Ich frage dich, warum ich ihn nicht hätte verteidigen sollen.)

2.2.3 Unterschiedliche Arten von Nebensätzen

Der abhängige Aussagesatz

- Der abhängige Aussagesatz wird eingeleitet:
  - durch *quod* (dass) + **Indikativ** (faktisches quod),
  - durch *ut* (dass) + **Konjunktiv**,
  - durch *quin* (dass) + **Konjunktiv** nach verneinten Ausdrücken des Zweifels.
- Die Verneinung ist *non*.

Bene evenit, quod me adiuvatis. (Es trifft sich gut, dass ihr mir helft.)
Ei contigit, ut Romam iret. (Es gelang ihm, nach Rom zu gehen.)
Non dubito, quin verum dicat. (Ich zweifle nicht daran, dass er die Wahrheit sagt.)
Fieri potest, ut non veniat. (Es ist möglich, dass er nicht kommt.)

Wendungen, die einen abhängigen Aussagesatz nach sich ziehen

bene (male) fit / accidit, quod (es trifft sich gut [schlecht], dass);
fieri potest, ut (es kann geschehen, dass);
evenit / accidit, ut (es kommt vor, dass);
multum abest, ut (es fehlt viel, dass).

Der abhängige Begehrsatz

- Der abhängige Begehrsatz enthält Wünsche oder Aufforderungen. Er folgt auf **Verben des Bittens, Begehrens, Strebens** und **Sorgens** und wird eingeleitet durch *ut* (dass) und *ne* (dass nicht) + **Konjunktiv.**
- Eingeleitet von
  - **Verben des Fürchtens** *(timere / metuere / vereri)* und
  - **Verben des Hinderns** *(prohibere / impedire / interdicere).*

  steht *ne* (dass) und *ut / ne non* (dass nicht).

Vos hortor, ut prudenter agatis.
(Ich ermahne euch, dass ihr klug handelt.)
Homines curant, ne misere vivant.
(Die Menschen sorgen dafür, nicht un-
glücklich zu leben.)
Metuo, **ne** cadas.
(Ich fürchte, **dass** du fällst.)
Magister nos prohibet, ne officium neglega-
mus.
(Der Lehrer hält uns davon ab, die Pflicht
zu vernachlässigen.)

Der abhängige (indirekte) Fragesatz

- Der abhängige Fragesatz steht immer im **Konjunktiv** und richtet sich nach den Regeln der consecutio temporum (↑ S. 96).
- Er steht nach
  - **Verben / Ausdrücken des Fragens,**
  - **Verben / Ausdrücken des Sagens,**
  - **Verben / Ausdrücken des Wissens,**
  - **Verben / Ausdrücken des Denkens.**

Interrogavit, ubi heri fuerint.
(Er fragte, wo sie gestern gewesen sind.)

Scire velim, quid facias.
(Ich möchte wissen, was du tust.)

- Man unterscheidet
  - **Wortfragen:** Sie werden mit den gleichen Fragewörtern (Pronomen oder Adverbien) eingeleitet wie direkte Wortfragen (↑ S. 92);
  - **Satzfragen:** Sie werden mit *num / -ne / nonne* (ob / ob nicht) eingeleitet.
  - **Doppelfragen:** Sie werden mit *utrum ... an / -ne ... an / an ... an* (ob ... oder) / *utrum ... necne* (ob ... oder nicht) eingeleitet.

Nesciebat, utram viam ingredi melius esset.
(Er wusste nicht, welchen Weg er besser
einschlagen sollte.)

Animadverte, num recte hoc faciam.
(Gib acht, ob ich dies richtig mache!)
Deliberandum est, utrum vera sententia sit
an falsa.
(Man muss überlegen, ob der Satz wahr
oder falsch ist.)

Der Relativsatz

Der Relativsatz ergänzt ein Subjekt, Objekt oder ein Adverbiale und wird mit einem **Relativpronomen** (↑ S. 24) eingeleitet.

Der Relativsatz im Indikativ

Der Relativsatz steht im **Indikativ,** wenn er eine objektive, verallgemeinernde Aussage enthält.

Multi non dicunt, quod sentiunt.
(Viele sagen nicht, was sie denken.)

Der Relativsatz im Konjunktiv

Der Relativsatz steht im Konjunktiv, wenn er einen zusätzlichen Nebensinn enthält:	
■ **kausaler Nebensinn** (zur Angabe eines Grundes),	Vir, qui nocens esset, damnatus est. (Der Mann, der ja [weil er ja] schuldig war, wurde verurteilt.)
■ **finaler Nebensinn** (zur Angabe einer Absicht),	Legatos miserunt, qui auxilium peterent. (Sie schickten Legaten, die [damit sie] Hilfe anfordern sollten.)
■ **konsekutiver Nebensinn** (zur Angabe einer Folge),	Nemo est, qui id non sciat. (Es gibt niemanden, der [dass er] das nicht wüsste.)
■ **konzessiver Nebensinn** (zur Angabe einer Einschränkung).	Saepe homines contenti non sunt, qui divites sint. (Oft sind Menschen, die [obwohl sie] reich sind, unzufrieden.)

Der relative Satzanschluss

Das Relativpronomen (↑ S. 24) kann im Lateinischen auch einmal zwei Hauptsätze verknüpfen. In diesen Fällen wird das am Satzanfang stehende Relativpronomen durch ein Demonstrativpronomen übersetzt.	Quis ignoret Neronem? **Qui** incendium Romae excitavisse dicitur. (Wer kennt nicht Nero? **Dieser** soll [nämlich] den Brand Roms angestiftet haben.)

Der verschränkte Relativsatz

Lateinische Relativsätze können mit einem AcI (↑ S. 76), einem weiteren Nebensatz oder mit einem Ablativus absolutus (↑ S. 81) verschränkt sein. Bei der Übersetzung gibt es verschiedene Möglichkeiten:	Socrates, quem innocentem fuisse constat, e carcere fugere noluit.
■ mit **Relativsatz** und „**von**",	Sokrates,
■ mit **Einschub** (Parenthese),	**von dem bekannt ist,** dass er unschuldig war,
■ mit **Adverb,**	der – **wie bekannt (ist)** – unschuldig war,
■ mit **Präpositionalausdruck.**	der **bekanntlich** unschuldig war, der **nach allgemeiner Überzeugung** unschuldig war, wollte nicht aus dem Gefängnis fliehen.

Der Adverbialsatz (Konjunktionalsatz)

Der Adverbialsatz ist ein Konjunktionalsatz, d. h., er wird durch **unterordnende Konjunktionen** eingeleitet. Die Konjunktion drückt die Sinnrichtung des jeweiligen Nebensatzes aus.

Der Kausalsatz

Kausalsätze benennen **Gründe, Ursachen und Absichten** für die Aussage des übergeordneten Satzes.	**Cum** Graeci appropinquarent, hostes fugerunt. (Da die Griechen sich näherten, flohen die Feinde.) **Hic** manemus, **quod** hic tuti sumus. (Wir bleiben hier, weil wir hier sicher sind.)

Einleitende Konjunktionen von Kausalsätzen	
mit Indikativ	mit Konjunktiv
quod/quia (da/weil) *quoniam* (da ja/weil ja)	*cum* (da/weil) *praesertim cum* (weil/zumal da)

Der Temporalsatz

Temporalsätze nennen eine **Zeitbestimmung** (wann?) und können Angaben enthalten über – den Zeitpunkt (z. B. wenn/als), – den Beginn (z. B. als/nachdem), – die Häufigkeit (z. B. sooft/wenn), – die Dauer (z. B. solange [als], während), – den Endpunkt (z. B. [so lange] bis).	**Cum** domum ii, sol ortus est. (Als ich nach Hause ging, ging die Sonne auf.) **Cum** hospites veniebant, mater triclinium exornabat. (Jedesmal, wenn Gäste kamen, schmückte die Mutter das Speisezimmer.) Marcus gladiatores, **dum** certant, spectabat. (Markus schaute den Gladiatoren zu, während sie kämpften.)

Einleitende Konjunktionen von Temporalsätzen	
mit Indikativ	mit Konjunktiv
cum (damals, als/wenn); *cum (subito)* (als [plötzlich]); *postquam* (+ Ind. Perf.) (nachdem); *antequam/priusquam* (ehe/bevor); *ubi (primum)* (+ Ind. Perf.) (sobald); *dum* (+ Ind. Präs.) (während); *dum/donec* (solange [als]/bis); *quotiens* (so oft/jedes Mal, wenn)	*cum* (als/nachdem); *dum/donec* ([so lange] bis); *antequam/priusquam* (ehe/bevor)

BESONDERS NÜTZLICH

Die verschiedenen Bedeutungen von cum im Temporalsatz

als/nachdem (cum historicum + Konjunktiv):	Ablauf eines Vorgangs;
als/wenn (cum temporale + Indikativ):	ein genau festgelegter Zeitpunkt;
damals ... als (cum relativum + Indikativ):	ein genau festgelegter Zeitpunkt;
als plötzlich (cum inversivum + Indikativ):	das plötzliche Eintreten eines Ereignisses;
jedesmal, wenn/sooft (cum iterativum + Indikativ):	die Wiederholung von Ereignissen.

2.2 Das Satzgefüge | 101

Der Finalsatz

■ Finalsätze geben eine **Absicht** oder einen **Zweck** an.	Milites fugiebant, **ut** se servarent. (Die Soldaten flohen, **um** sich zu retten.)
■ Sie werden eingeleitet durch die Konjunktionen *ut* (damit / um zu) oder *ne* (damit nicht / um nicht zu) + Konjunktiv.	Milites fugiebant, **ne** perirent. (Die Soldaten flohen, **um nicht** umzukommen.)

Der Konsekutivsatz

■ Konsekutivsätze bezeichnen eine **Folge.**	
■ Eingeleitet werden konsekutive Nebensätze mit der Konjunktion *ut* (dass).	Timidus erat, **ut** fugeret. (Er war ängstlich, sodass er floh.)
■ Konsekutivsätze werden mit *nōn* verneint.	Fieri non poterat, **ut** milites imperatori **non** parerent. (Es war unmöglich, dass die Soldaten dem Feldherrn **nicht** gehorchten.)
■ Signalwörter wie *ita / sic / tantus* (mit der Bedeutung „so") im übergeordneten Satz weisen auf ein konsekutives *ut* hin.	**Tantus** erat timor, ut fugeret. (Die Angst war **so groß,** dass er floh.)

Der Konzessivsatz

Konzessivsätze bringen ein **Zugeständnis** oder eine **Einräumung** zum Ausdruck.	Multi homines spem non amittunt, **quamvis** miseri sint. (Viele Menschen geben die Hoffnung nicht auf, **selbst wenn** sie unglücklich sind.)

Einleitende Konjunktionen von Konzessivsätzen	
mit Indikativ	mit Konjunktiv
quamquam (obwohl / obgleich); *etiamsi / etsi* (wenn auch / selbst wenn); *tametsi* (auch wenn)	*cum* (obwohl / obgleich); *quamvis* (obwohl / wenn auch noch so); *licet* (mag auch / wenn auch); *ut* (concessivum) (angenommen dass)

Der Modalsatz

■ Modalsätze geben die **Art und Weise** an, wie etwas geschieht.	Cum taces, facinus confiteris. (Indem du schweigst, gestehst du die Tat.)
■ Eingeleitet werden sie mit *cum* (indem / wobei) + Indikativ oder Konjunktiv.	Praeteribat, cum rideret. (Er ging vorbei, wobei er lachte.)

| 102 | 2 Der zusammengesetzte Satz |

Der Konditionalsatz

- Konditionalsätze bringen eine **Bedingung** oder eine **Voraussetzung** zum Ausdruck.
- Je nach dem Verhältnis zur Wirklichkeit wird Indikativ oder Konjunktiv verwendet:
  - Der **Indikativ** zeigt, dass die Bedingung tatsächlich eintreten kann (Realis, ↑ S. 88).
  - Der Gebrauch von **Konjunktiv Präsens** oder **Perfekt** weist darauf hin, dass die Bedingung für möglich gehalten wird (Potenzialis, ↑ S. 89).
  - Die Verwendung von **Konjunktiv Imperfekt** oder **Plusquamperfekt** verdeutlicht, dass das Eintreten der Bedingung für nicht realistisch gehalten wird (Irrealis, ↑ S. 89).

Cum amica ambulabo, nisi defessa erit. (Ich werde mit meiner Freundin spazieren gehen, wenn sie nicht müde ist.)

Si venis, gaudemus. (Wenn du kommst, freuen wir uns.)
Si venias (veneris), gaudeamus (gavisi simus). (Wenn du kommen solltest, freuen wir uns wohl.)
Si venisses, gavisi essemus. (Wenn du gekommen wärest, hätten wir uns gefreut.)

Konjunktionen, die einen Konditionalsatz einleiten

si (wenn); *nisi/ni* (wenn nicht); *si non* (wenn nicht) [Verneinung eines einzelnen Wortes]; *etiamsi/etsi/tametsi* (wenn auch); *sin/ sin autem* (wenn aber)

quod si (wenn aber); *sive ... sive* (sei es, dass ... oder dass); *si quidem* (wenn wirklich); *si modo* (wenn nur); *nisi forte* (wenn nicht etwa); *tamquam si/velut si/quasi* (wie wenn)

Der Adversativsatz

- Adversativsätze benennen einen **Gegensatz** zur Aussage des übergeordneten Satzes.
- Die einleitende Konjunktion ist *cum* + Konjunktiv (während/hingegen).

Serva sedula est, cum domina pigra sit. (Die Sklavin ist fleißig, während die Herrin faul ist.)

Der Komparativsatz

- Komparativsätze erläutern die Aussage des übergeordneten Satzes durch **Vergleich.**
- Der Modus ist in der Regel der **Indikativ.**

Est, ut dixi. (Es ist [so], wie ich sagte.)

Lex, quo brevior, eo melior est. (Je kürzer ein Gesetz [ist], desto besser.)

Einleitende Konjunktionen von Komparativsätzen

ut/sicut ... ita/sic (wie ... so);
quemadmodum ... sic/ita (wie ... so);
quam ... tam (wie ... so);
quasi (+ Konj.) (so als ob);
tamquam/velut (+ Konj.) (wie wenn/als ob);

tantus ... quantus (so groß ... wie);
talis ... qualis (so ... wie);
tot ... quot (so viele ... wie);
quo ... eo (je ... desto);
idem ... qui (derselbe ... wie);

2.2 Das Satzgefüge | **103**

BESONDERS NÜTZLICH

Die wichtigsten Konjunktionen im Überblick

Einige Konjunktionen haben mehrere Bedeutungen. Die jeweils passende Übersetzung erschließt sich aus dem Textzusammenhang. Hilfreich ist, darauf zu achten, ob nach der Konjunktion Indikativ oder Konjunktiv folgt.

antequam (+ Indikativ/Konjunktiv)	bevor/ehe
cum (+ Indikativ)	(damals) als/als (plötzlich); (immer) wenn
cum (+ Konjunktiv)	als/nachdem/weil; obwohl/obgleich/während
donec (+ Indikativ/Konjunktiv)	solange (als)/(so lange) bis
dum (+ Indikativ/Konjunktiv)	solange (als)/(so lange) bis
dum (+ Indikativ Präsens)	während
etsi/etiamsi (+ Indikativ/Konjunktiv)	wenn auch/auch wenn
ne (+ Konjunktiv)	dass nicht/damit nicht
nisi (+ Indikativ/Konjunktiv)	wenn nicht
postquam (+ Indikativ Perfekt)	nachdem
priusquam (+ Indikativ/Konjunktiv)	bevor/ehe
quamquam (+ Indikativ)	obwohl/obgleich
quamvis (+ Konjunktiv)	obwohl
quia (+ Indikativ)	weil
quod (+ Indikativ)	weil; dass
quoniam (+ Indikativ)	da ja/weil ja
si (+ Indikativ/Konjunktiv)	wenn/ob
ubi (primum) (+ Indikativ Perfekt)	sobald
ut (+ Indikativ)	wie
ut (+ Konjunktiv)	dass/so dass; damit

2.2.4 Die Oratio obliqua (indirekte Rede)

Werden Äußerungen einer Person nicht wörtlich und direkt wiedergegeben, sondern in Abhängigkeit von Verben des Sagens, Fragens oder Denkens, so handelt es sich um **abhängige, indirekte Rede (Oratio obliqua).** In dieser stehen Verben grundsätzlich im **Infinitiv** (als Bestandteil des AcI) oder im **Konjunktiv.**

BESONDERS NÜTZLICH

Die Wiedergabe der Oratio obliqua im Deutschen

- Grundsätzlich stehen in der indirekten Rede im Deutschen alle Prädikate im **Konjunktiv I:**
  Marcus dicit etiam Corneliam ludos spectare.
  Markus sagt, auch Cornelia **betrachte** die Spiele.

- Sind die Formen des Indikativ und Konjunktiv I identisch, wird **Konjunktiv II** oder eine Umschreibung mit *würde* benutzt:
  Claudius dicit se ludis non teneri.
  Claudius sagt, er **würde** von den Spielen nicht gefesselt.

Der AcI in der Oratio obliqua

Die Infinitive bezeichnen wie im AcI (↑ S. 76) das Zeitverhältnis zum Prädikat des übergeordneten Satzes.

■ **Aussagesätze**

Marcus scribit nihil novi esse.
(Markus schreibt, es gebe nichts Neues.)
Claudius respondit itaque se prius domum vectum esse.
(Claudius antwortete, deshalb sei er eher nach Hause gefahren.)

■ **Rhetorische Fragen**

Pater rogat quem ignorare in ludis nihil novi esse.
(Der Vater fragt, wer wisse nicht, dass es bei den Spielen nichts Neues gebe.)

Der Konjunktiv in der Oratio obliqua

Nebensätze, Fragesätze, Wunsch- und Aufforderungssätze stehen im Konjunktiv. Für das Tempus des Nebensatzes gelten die Regeln der Consecutio Temporum (↑ S. 96).

■ **Nebensätze**

Caesar dixit, cum Germani semper in Gallia manerent, eos etiam Romanis summo periculo esse.
(Cäsar sprach, wenn die Germanen immer in Gallien blieben, wären sie auch für die Römer von höchster Gefahr.)

■ **Fragesätze**

Filius e patre quaerit, quid sibi praecipue agendum sit.
(Der Sohn fragt den Vater, was er vor allem tun solle.)

■ **Wunsch- und Aufforderungssätze**

Pater filium monuit, ne quid temere ageret.
(Der Vater ermahnte den Sohn, er solle nichts unüberlegt tun.)

Die Pronomen in der Oratio obliqua

In der Oratio obliqua wird der Bezug auf verschiedene Personen mit dem Reflexiv- oder mit dem Demonstrativpronomen angedeutet.

■ **Reflexivpronomen** (↑ S. 21) beziehen sich auf das Subjekt des übergeordneten Satzes und können durch *ipse* verstärkt oder ersetzt werden.

Consul senatoribus dixit: Quid **sibi** pulchrius esse quam patriae servire?
(Der Konsul sagte zu den Senatoren: Was gebe es **für ihn** Schöneres, als dem Vaterland zu dienen?)

■ Die **Demonstrativpronomen** *is* und *ille* (↑ S. 22 f.) beziehen sich auf die in der direkten Rede angesprochene Person oder auf eine dritte Person, über die gesprochen wird.

Consul reum rogavit: Velletne **ille** iniuriam facere?
(Der Konsul fragte den Angeklagten, ob **er/jener** Unrecht begehen wolle.)

TEXTERSCHLIESSUNG UND ÜBERSETZUNG

1	**Die satzübergreifende Texterschließung**	**106**

1.1	Kriterien der Texterschließung	106
1.2	Die satzübergreifende Methode	107

2	**Die Erschließung einzelner Sätze**	**109**

2.1	Der einfache Satz	110
2.1.1	Prädikat und Subjekt	110
■	Die besondere Bedeutung von esse	111
2.1.2	Das Objekt	111
2.1.3	Satzerweiterungen: Adverbiale und Attribute	112
2.2	Die Satzperiode	113
2.2.1	Die Gliederung von Satzperioden	113
■	Konjunktion und Modus	114
■	Die Wortstellung im Deutschen	115
2.2.2	Die einfache Satzperiode	115
■	Die Stellung des Subjekts	116
2.2.3	Die Schachtelperiode	116
■	Satzwertige Konstruktionen	117
2.2.4	Die kombinierte Satzperiode	117
■	Die Übersetzung einer Satzperiode	118
2.2.5	Die grafische Darstellung	119
■	Die Unterordnung von Nebensätzen	119

3	**Die stilistisch-rhetorische Analyse**	**121**

3.1	Die wichtigsten Stilmittel	121
3.1.1	Die Tropen (Wendungen)	121
3.1.2	Die Figuren	122
3.2	Die rhetorische Analyse	123

4	**Die metrische Analyse**	**124**

4.1	Der Rhythmus	124
4.2	Die Prosodie (Aussprache)	125
4.3	Die Metrik	125
4.3.1	Der Hexameter	125
4.3.2	Der Pentameter	126
4.4	Weitere Kennzeichen der lateinischen Dichtersprache	126

1 Die satzübergreifende Texterschließung

Der Zusammenhang eines Textes (Kohärenz) entsteht aus der Verbindung von Einzelsätzen durch sprachlich-grammatische Mittel. Durch deren Beobachtung lässt sich schon beim Lesen ein erster Überblick (Vorverständnis) über Zusammenhang und Geschehen gewinnen.

> **BLICKPUNKT**
>
> **Textzusammenhang**
>
> Das Vorverständnis hilft bei der Übersetzung: Hauptthema oder Handlungsverlauf sind bereits bekannt. Gleichzeitig werden Anhaltspunkte für die Interpretation geliefert.
>
>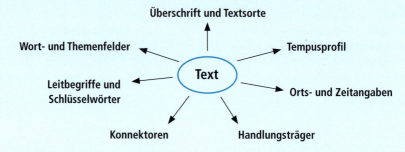

1.1 Kriterien der Texterschließung

Kriterien

Überschrift und Textsorte: Überschrift und Textsorte (Erzählung, Bericht, Rede, Brief) rufen bestimmte Erwartungen für den Inhalt oder die formale Gestaltung eines Textes hervor.

- Die **Überschrift** gibt das **Hauptthema** eines Textes an oder nennt **beteiligte Personen.** Sie dient als erste Einleitung in eine Thematik, indem sie bereits bekanntes Wissen dazu aktiviert. Solches **Vorwissen** kann die Texterschließung und Übersetzung erleichtern.
- Jede **Textsorte** ist durch bestimmte Merkmale gekennzeichnet: Sie unterscheiden sich im Aufbau, in der Wortwahl oder der vorwiegend verwendeten Personalformen. Durch den Bezug auf die Textsorte können in der Texterschließung wesentliche Merkmale des Textes nachvollzogen werden: So ist ein Gespräch durch den Wechsel von Frage und Antwort oder Rede und Gegenrede gekennzeichnet. Daraus ergibt sich eine Häufung von Personalformen in der 1. und 2. Person.

Leitbegriffe und Schlüsselwörter: Leitbegriffe und Schlüsselwörter geben dem Text feste Bezugspunkte und sind als **zentrale Begriffe** besonders wichtig für die Aussage und Deutung des Textes. Sie werden oft mehrmals wiederholt und dadurch besonders hervorgehoben.

Wort- und Themenfelder: Jeder Text hat ein Thema. Dieses wird aus den vorherrschenden Wörtern, Begriffen oder Wendungen bestimmt. Wort- oder Themenfelder decken also ein bestimmtes **inhaltliches Gebiet** ab. Beim Lesen eines Textes kann ein Thema durch Beobachtung der verwendeten Wörter bereits abgegrenzt werden. Wort- und Themenfelder umfassen unterschiedliche Wortarten: Ein Wort- oder Themenfeld wird insbesondere durch die verwendeten Substantive, Verben und Adjektive erzeugt.

1.2 Die satzübergreifende Methode | **107**

Konnektoren: Konnektoren (↑ S. 113) sind Satzverbindungen, die den gedanklichen Aufbau eines Textes oder die **Abfolge von Handlungen** herausstellen und so die Struktur eines Textes gestalten. Konnektoren sind neben Konjunktionen (↑ S. 103) auch Adverbien und Pronomen.

Ortsangaben: Ortsangaben gliedern einen Text, indem sie verschiedene Schauplätze einer Handlung angeben. Das können Adverbien oder konkrete Angabe von Stadt- oder Ländernamen sein.

Zeitangaben: Zeitangaben gliedern einen Text, indem sie den zeitlichen Ablauf einer Handlung angeben. Sie erfolgen durch Adverbien, durch allgemeine Zeitangaben, durch konkrete Angaben eines Datums (↑ S. 31) oder einer Tages- oder Jahreszeit.

Handlungsträger: In erzählenden Texten und Berichten ist der Verlauf der Handlung durch die Prädikate insbesondere der Hauptsätze festgelegt. Durch die Zuordnung der Handlungen (Prädikate) und der Handlungsträger (Subjekte) lässt sich der **Handlungsverlauf** in groben Zügen erfassen. Handlungsträger können direkt genannt sein in Form von **Eigennamen** oder **Pronomen,** die den Namen wieder aufnehmen.

Tempusprofil: Die in einem Text, besonders in einer Erzählung, verwendeten Tempora (Zeiten; ↑ S. 85 ff.) gliedern den zeitlichen Ablauf eines Geschehens.
- Das **Imperfekt** bezeichnet Zustände, Vorgänge oder **Nebenumstände,** die die Haupthandlung (in der Vergangenheit) begleiten (↑ S. 86).
- Die **Vorgeschichte** eines Geschehens wird im **Plusquamperfekt** dargestellt (↑ S. 87).
- Der **Wechsel** zum historischen Präsens (↑ S. 85) lässt das Geschehen lebendiger und spannender erscheinen und weist häufig auf den Höhepunkt der Handlung hin.

1.2 Die satzübergreifende Methode

Die satzübergreifende Texterschließung findet nach **gründlichem Lesen** des Textabschnittes **vor** der Übersetzung der einzelnen Sätze statt. Bei fortlaufender Lektüre sollte auch der **Kontext** eines Textabschnitts berücksichtigt werden, da dieser Abschnitt auf bereits Gelesenem aufbaut.

Textbeispiel

(1) **Helvetii** iam per angustias et fines Sequanorum suas copias traduxerant et in *Haeduorum* fines pervenerant eorumque agros populabantur. (2) **Haedui,** cum se suaque ab iis defendere non possent, legatos *ad Caesarem* mittunt rogatum auxilium: (3) ita se paene omni tempore de populo Romano meritos esse, ut paene in conspectu exercitus nostri agri vastari, liberi in servitutem abduci, oppida expugnare non debuerint. (4) Eodem tempore **Ambarri**, necessarii et consanguinei Haeduorum, *Caesarem* certiorem faciunt, sese depopulatis agris non facile ab oppidis vim hostium prohibere. (5) Item **Allobroges**, qui trans Rhodanum vicos possessionesque habebant, fuga se *ad Caesarem* recipiunt et demonstrant, sibi praeter agri solum nihil esse reliqui. (6) Quibus rebus adductus **Caesar** non exspectandum sibi statuit, dum omnibus fortunis sociorum consumptis in Santonos Helvetii pervenirent.

(Caesar, Gall. I,11)

| 108 | **1 Die satzübergreifende Texterschließung** |

Zum Kontext: Kapitel 11 des 1. Buches setzt die in Kapitel 9 begonnene Beschreibung fort, in der der Versuch der Helvetier geschildert wird, auf dem anderen der beiden Wege (Kap. 6) die Auswanderung zu unternehmen.

Handlungsträger:

- Der Textabschnitt ist gegliedert durch die Namen der handelnden gallischen Völker:
  Helvetii (1), **Haedui** (2), **Ambarri** (4), **Allobroges** (5)
  Abgeschlossen wird er mit der Wendung an Caesar selbst: **Caesar** (6)
- Die Zuordnung der Handlungsträger und ihrer Handlungen (Prädikate der Hauptsätze) ergibt:

(1) **Helvetii**   traduxerant (copias)
                               pervenerant (in Haeduorum fines)
                               populabantur (agros)

Die genannten Haeduer werden nun zum Subjekt; sie reagieren auf das Vorgehen der Helvetier:

(2) **Haedui**   mittunt (legatos ad Caesarem)
(4) **Ambarri**   certiorem faciunt (Caesarem)
(5) **Allobroges**   se recipiunt (ad Caesarem)
                               demonstrant

Caesar, bisher Objekt, wird nun zum Subjekt; er reagiert auf das Vorgehen der drei gallischen Völker:

(6) **Caesar**   statuit

Die **Konnektoren** stützen die obige Gliederung:
Iam (schon) (1) weist auf einen Rückgriff auf bereits Gesagtes hin: In Kapitel 10, 1 war noch von der Absicht der Helvetier gesprochen worden, durch das Gebiet der Sequaner und Haeduer zu ziehen. Nun ist dies bereits zur Tatsache geworden.
Durch **eodem tempore** (zur gleichen Zeit) (4) und **item** (ebenso) (5) werden die Gesuche an Caesar zu einer Einheit verbunden, die sich nach der Übersetzung als gemeinsame Befürchtungen gegenüber den Helvetiern und der von ihnen ausgehenden Gefahr konkretisieren werden.
Der relative Satzanschluss **quibus rebus** adductus (6) fasst die Hilfegesuche der gallischen Stämme zusammen und leitet Caesars Reaktion darauf ein: Sie stehen so als Grund für das Eingreifen Caesars.

Tempusprofil:

- Die beiden Prädikate **traduxerant** und **pervenerant** (1) stellen im Plusquamperfekt einen Rückgriff dar, der durch **iam** (1) gestützt wird: Die Helvetier hatten ihre Truppen bereits hinübergeführt und waren in das Gebiet der Haeduer gelangt, wie es ihre Absicht gewesen war (s. o.).
- Das Imperfekt **populabantur** bezeichnet den Geschehenshintergrund für die hier geschilderten Ereignisse: die andauernde Verwüstung der Äcker der Haeduer durch die Helvetier.
- Die Präsensformen **mittunt** (2), **certiorem faciunt** (4) und **se recipiunt, demonstrant** (5) dienen als historisches Präsens der dramatischen Vergegenwärtigung der Ereignisse: Gleich drei gallische Völker wenden sich vor dem Hintergrund der Verwüstungen durch die Helvetier an Caesar.
- Der Wechsel vom historischen Präsens zum Perfekt **statuit** (6) hebt die Reaktion Caesars besonders hervor: Sein politischer Entschluss zum Eingreifen, begründet durch die Gesuche der gallischen Völker, setzt den Krieg gegen die Helvetier in Gang.

2 Die Erschließung einzelner Sätze

Während deutsche Sätze mithilfe von festen Wortstellungsregeln und Artikeln gebaut werden, genügt dem Lateinischen ein einziges Signal: **die Endungen**.

BLICKPUNKT

Grundelemente der Texterschließung

- Die wichtigsten Signale stehen im Lateinischen am Ende veränderlicher Wörter:

    Flavia   templ**um** alt**um**   vide**t**.

- Nicht immer sind diese Signale eindeutig (↑ S. 12).
  templum kann Nominativ oder Akkusativ Singular sein.
- Mehrdeutige Signale werden durch den **Kontext** (Sinnzusammenhang) deutlich.

    Flavia templum videt: Flavia sieht **einen/den** Tempel.
    templum muss hier also Akkusativ Singular sein.

- Einem Wort sieht man nicht immer sofort an, welcher **Wortart** es angehört, d. h. ob es als Substantiv, Adjektiv oder Adverb zu übersetzen ist. Hier hilft neben genauer Formenbestimmung der Satzzusammenhang, eine richtige Entscheidung zu treffen.

    Flavia hoc templum **plurimum** amat: Flavia mag diesen Tempel am meisten.
    plurimum ist also Adverb (und nicht etwa Attribut zu templum).

- Eine mehrdeutige Form ist manchmal auch nur durch ihre **KNG-Kongruenz** (↑ S. 12) mit einem anderen Wort aus dem Kontext heraus eindeutig zu bestimmen.

    Flavia templa alta videt.

    Aufgrund seiner Endung -a kann alta sein:
    – Attribut zu Flavia: Nominativ Singular Femininum
    – Attribut zu templa: Akkusativ Plural Neutrum

Eine Beziehung auf das Subjekt Flavia ist nicht sinnvoll, also kann es nur Akkusativ Plural Neutrum sein.

    Flavia **templa alta** videt: Flavia sieht die hohen Tempel.

- Das **Prädikat** ist das Satzglied, von dem aus mehrdeutige Wörter sicher bestimmt werden können. Meist steht es am Ende des Satzes (↑ S. 110).

    Puella templa alta et fora pulchra **laudat**.

    Das Prädikat laudat enthält folgende Informationen:
    – 3. Person Singular Präsens Indikativ Aktiv: Subjekt kann nur puella sein.
    – laudare ist ein transitives Verb (↑ S. 63) und fordert ein Objekt:
       templa alta et fora pulchra.

2.1 Der einfache Satz

Obwohl die Wortstellung im Lateinischen viel freier ist als im Deutschen, gibt es dennoch **Grundmuster** in **Satzbau** und **Wortstellung**.

> **Rahmenstellung**
>
> Das Lateinische hat zwei betonte Stellen: eine am **Satzanfang** und eine am **Satzende**. Während sich im deutschen Satz die Aussage Wort für Wort erschließt, muss man im lateinischen Satz vom Anfang zum Ende springen, denn der Satz ist als Spannungsbogen aufgebaut:
>
>

2.1.1 Prädikat und Subjekt

Wie im Deutschen machen Subjekt und Prädikat den **Kern des Satzes** aus, von dem alle übrigen Satzteile abhängig sind.

Das Prädikat

- Das Prädikat ist das Kernstück eines Satzes. Alle anderen Satzteile sind direkt oder indirekt von ihm abhängig. Das Prädikat enthält wichtige Hinweise auf das Subjekt und steht oft am Satzende.

    Polycrates eo tempore divitiis omnes homines **superabat**.
    superabat: 3. Person Singular Indikativ Imperfekt Aktiv: **er, sie, es übertraf**.
    wer übertraf? Polycrates
    wen übertraf er? omnes homines
    woran übertraf er sie? divitiis
    wann übertraf er? eo tempore

- Bestimmte Prädikate verlangen bestimmte Ergänzungen:
    - Transitive Verben fordern ein Objekt.

        Natura ipsa nobis musicam dedit. Die Natur selbst gab uns die Musik.

    - Verben der Fortbewegung verlangen eine Richtungsangabe.

        Ad summum montem pervenimus. Wir gelangten zum höchsten Berg.

    - Nach einem Verbum dicendi folgt oftmals ein AcI (↑ S. 76).

        Epicurus summum bonum voluptatem esse dicit. Epikur sagt, das höchste Gut sei die Lust.

    - Modalverben sind in der Regel mit einem Infinitiv verbunden.

        Tempora mutare non possumus. Wir können die Zeiten nicht ändern.

- Der Rückgriff auf die Stammformen (↑ S. 55 ff.) kann helfen, wenn die Form des Prädikats fremd wirkt, da sie nicht im Präsensstamm erscheint.

    dederunt: Perfekt von dare; egerat: Plusquamperfekt von agere

2.1 Der einfache Satz | **111**

BESONDERS NÜTZLICH

Die besondere Bedeutung von esse (↑ S. 49)

esse kann im lateinischen Satz als Hilfsverb oder Vollverb benutzt werden:

- Als Hilfsverb wird esse ergänzt durch ein Adjektiv, Substantiv, Partizip oder Adverbiale:
  Quaestio de natura deorum res est difficilis. Die Untersuchung vom Wesen der Götter ist eine schwierige Sache.

- Als Vollverb bedeutet esse sich befinden / vorhanden sein / existieren:
  Pauci philosophi nullos deos esse arbitrantur. Einige Philosophen glauben, dass es keine Götter gibt.

esse kann im lateinischen Satz auch entfallen, besonders bei prägnanten Formulierungen:
Amicus magis necessarius quam ignis et aqua. Ein Freund **ist** nötiger als Feuer und Wasser.

Das Subjekt

Das Subjekt ist neben dem Prädikat das wichtigste Satzglied. Erkennbar ist es am Nominativ und an der Übereinstimmung des Numerus mit dem Prädikat:

Subito dei auxilium hominibus negant. (Plötzlich verweigern **die Götter** den Menschen Hilfe.)

- Sehr oft ist in lateinischen Sätzen das Subjekt nur im Prädikat enthalten.

  (Dei homines non observant.) Itaque maesti **sunt**. (Daher sind **sie** traurig.)

- In unpersönlichen Wendungen vertritt das deutsche Pronomen es das Subjekt.

  si placet. (wenn **es** gefällt.)

2.1.2 Das Objekt

Neben **Subjekt** und **Prädikat** ist das **Objekt** ein wichtiger und oft notwendiger **Bestandteil** des lateinischen Satzes.

Die Beziehung zwischen Subjekt, Prädikat und Objekt

- Das Objekt ist eine Ergänzung des Prädikats. Im Lateinischen steht es vor dem **Prädikat**:

  Musicam amo. (Ich liebe die Musik.)

- Von der Bedeutung des Prädikats hängt es ab, ob und wie viele Objekte notwendig sind (↑ S. 63).
  - Bei einwertigen Verben reicht als Ergänzung das Subjekt:

    Liberi ambulant. (Die Kinder gehen spazieren.)

  - Bei zweiwertigen Verben ist eine weitere Ergänzung notwendig:

    Graeci insulam expugnaverunt. (Die Griechen eroberten eine Insel.)

  - Bei dreiwertigen Verben sind es zwei weitere Ergänzungen:

    Pater filio equum donat. (Der Vater schenkt dem Sohn ein Pferd.)

- Auch präpositionale Ausdrücke, meist im Ablativ, sind als Ergänzung möglich:

  Flavia **prudentia** omnes amicas superabat. (Flavia übertraf alle Freundinnen **an Klugheit.**)

- Das lateinische Verb kann einen anderen Kasus verlangen als im deutschen Sprachgebrauch (↑ S. 69):

  Servum puellas arcessere iussit. (Er befahl **dem** Sklaven, die Mädchen zu holen.)

112 | 2 Die Erschließung einzelner Sätze

2.1.3 Satzerweiterungen: Adverbiale und Attribute

Satzerweiterungen sind zusätzliche, nicht unbedingt notwendige **Ergänzungen**.

Die Adverbiale

Adverbiale dienen zur Verdeutlichung der **Umstände** eines Geschehens (↑ S. 64). Es gibt verschiedene Arten von Adverbialen:	
■ Adverbien,	tum (darauf), bene (gut), celerrime (sehr schnell), fortiter (tapfer)
■ präpositionale Ausdrücke,	post bellum (nach dem Krieg), cum hac (mit dieser)
■ adverbiale Bestimmungen im Ablativ (↑ S. 73).	magno studio (mit großem Eifer), brevi tempore (nach kurzer Zeit).

Stellung der adverbialen Bestimmungen

Im einfachen lateinischen Satz steht die adverbiale Bestimmung in der Mitte zwischen Subjekt und Prädikat oder ganz am Satzanfang, noch vor dem Subjekt:

Sed Neptunus id donum repudiavit. Et Polycrati **per piscatorem quendam** reddidit. (Aber Neptun verschmähte dieses Geschenk. Und er gab es Polykrates durch einen Fischer zurück.)

Die Attribute

Attribute erläutern Satzteile wie Subjekt, Objekt und Adverbiale. Zusammen mit ihrem Bezugswort bilden Attribute eine **Sinneinheit**. Es gibt verschiedene Arten von Attributen:	
■ Adjektive und attributiv gebrauchte Partizipien (↑ S. 83), die sich in Kasus, Numerus und Genus (↑ S. 12) an ihr Bezugswort angleichen.	mulier pulchra (die schöne Frau) pueros expositos (die Jungen, die ausgesetzt worden waren).
■ Substantive – als Genitivattribut, – durch ein Substantiv im Ablativ, – durch ein Substantiv im gleichen Kasus.	vicus Gallorum (das Dorf der Gallier), vir de plebe (ein Mann aus dem Volk), Cicerone oratore (mit Cicero als Redner).

Stellung der Attribute

■ In der Regel stehen die Attribute unmittelbar **vor** oder **hinter** ihrem **Bezugswort**.

Et emit eum Potiphar, minister **summus Pharaonis**, vir **Aegyptius**.

Und Potiphar kaufte ihn, der höchste Diener des Pharaos, ein Mann aus Ägypten.

■ Attribut und Bezugswort können auch als **Hyperbaton** (↑ S. 122) getrennt voneinander stehen.

Erat **omnium** valde ignarus **rerum**. (Er war in allen Dingen so unerfahren.)

Epistulam Graecis litteris **conscriptam** mittit. (Er schickte einen Brief, der in griechischen Buchstaben verfasst war.)

2.2 Die Satzperiode

Eine Satzperiode besteht aus mehreren Teilsätzen, die oft **kunstvoll zusammengefügt** sind. Die miteinander verknüpften Sätze können sowohl Hauptsätze als auch Nebensätze sein.

BLICKPUNKT — Unterschiedliche Arten von Satzperioden

einfache Satzperiode (↑ S. 115) (Reihung von Haupt- und Nebensätzen)

Schachtelperiode (↑ S. 116) (Verschachtelung von Haupt- und Nebensätzen)

kombinierte Satzperiode (↑ S. 117) (Verbindung von einfacher Satzperiode und Schachtelperiode)

2.2.1 Die Gliederung von Satzperioden

Haupt- und Nebensätze sind durch bestimmte Signale voneinander abgegrenzt. Mithilfe dieser Signale lässt sich ein Satz in Haupt- und Nebensätze gliedern.

BLICKPUNKT — Gliederungssignale einer Satzperiode

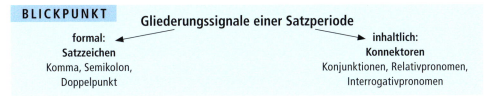

formal:
Satzzeichen
Komma, Semikolon,
Doppelpunkt

inhaltlich:
Konnektoren
Konjunktionen, Relativpronomen,
Interrogativpronomen

Die Satzzeichen

Satzzeichen waren bei den Römern unbekannt. Wenn sie heute in lateinischen Texten stehen, so sind sie vom Herausgeber eingesetzt als formale **Übersetzungshilfen**. Sie dienen der inneren **Gliederung** von Sätzen.

Komma
Das wichtigste Satzzeichen zur Gliederung eines Textes ist das Komma.
- In einer Satzreihe (↑ S. 93) trennt es Hauptsätze voneinander.
- In einem Satzgefüge (↑ S. 94) trennt es Haupt- und Nebensätze voneinander.
- Das Komma trennt einzelne Wörter oder Wortgruppen voneinander.
    - **Aufzählung:**

        Hi omnes **lingua, institutis, legibus** inter se differunt. (Caesar, Gall. I, 2)
        (Diese alle unterscheiden sich untereinander durch ihre **Sprache, Lebensgewohnheiten und Gesetze.**)

    - **Apposition:**

        Eodem tempore Ambarri, **necessarii et consanguinei Haeduorum,** Caesarem certiorem faciunt. (Caesar, Gall. I, 11, 4)
        (Zur selben Zeit benachrichtigten die Ambarrer, **Freunde und Blutsverwandte der Haeduer,** Caesar.)

        Die Apposition ist eine Form des Attributs und als solche eine Beifügung zu einem Satzglied. In der ersten Rohübersetzung kann die Apposition deshalb zunächst ausgelassen werden.

| 114 | 2 Die Erschließung einzelner Sätze |

Satzzeichen (Fortsetzung)

Semikolon (Strichpunkt)
- Das Semikolon trennt größere Satzkomplexe, indem es eine einzelne Satzperiode abschließt.

Doppelpunkt
- Der Doppelpunkt steht vor wörtlicher Rede.
- Er steht vor angekündigten Aufzählungen oder Erläuterungen.
- Der Doppelpunkt steht vor Sätzen, die das vorher Gesagte zusammenfassen oder eine Schlussfolgerung daraus ziehen.

Die Konnektoren

Konnektoren stellen **Satzverbindungen** her. Sie gliedern eine Satzperiode inhaltlich, indem sie in einer Satzreihe (↑ S. 93) oder in einem Satzgefüge (↑ S. 94) die Sinnrichtung zwischen den einzelnen Sätzen angeben oder Relativ- oder Interrogativsätze einleiten.

Konjunktionen
Der **gedankliche Aufbau** einer Satzperiode wird mithilfe der Konjunktionen dargestellt. Konjunktionen können etwa einen kausalen oder temporalen Zusammenhang herstellen, einen Gegensatz ausdrücken, Bedingungen aufzeigen oder eine Reihung bilden.
- **Gleichordnende Konjunktionen** (↑ S. 93) verbinden zwei Hauptsätze miteinander:

   et, -que (und); etiam, quoque (auch); sed, autem (aber); nam, enim (nämlich).

- **Unterordnende Konjunktionen** (↑ S. 97) verbinden Haupt- und Nebensätze:

   postquam (nachdem), dum (während), quamquam (obwohl), si (wenn).

BESONDERS NÜTZLICH

Konjunktion und Modus

Manche Konjunktionen haben mehrere Bedeutungen. Ein wichtiger Hinweis auf die jeweilige Bedeutung der Konjunktion ist der **Modus** des dazugehörenden Prädikats (↑ S. 37). Deshalb muss vor der Übersetzung der Konjunktion der Modus des Prädikats erfasst werden.

Die Relativpronomen

- Relativsätze (↑ S. 98 f.) treten an die Stelle von Attributen und stehen deshalb in der Regel hinter oder nahe bei ihrem Bezugswort. Als Satzgliedteile ergänzen Attribute ein Satzglied (Subjekt, Objekt, adverbiale Bestimmung). In der ersten Rohübersetzung können diese Ergänzungen, also auch der Relativsatz, deshalb zunächst ausgelassen werden.

   Caesar his de **causis, quas commemoravi,** Rhenum transire decreverat. (Caesar, Gall. IV, 17)
   (Aus diesen **Gründen, die ich erwähnt habe,** hatte Caesar sich entschlossen, den Rhein zu überqueren.)

- Steht ein Relativpronomen am Anfang eines Satzes, so handelt es sich in der Regel um einen **relativen Satzanschluss** (↑ S. 99): Es ist dann als Demonstrativpronomen zu übersetzen.

   Quam ob rem placuit ei, ut ad Ariovistum legatos mitteret. (Caesar, Gall. I, 34)
   (Wegen **dieser** Sache beschloss er, Gesandte zu Ariovist zu schicken.)

2.2 Die Satzperiode | **115**

Die Interrogativpronomen

- Interrogativpronomen (↑ S. 25) leiten Fragesätze ein. **Direkte Fragesätze** (↑ S. 92) sind unabhängige Hauptsätze und werden durch ein Fragezeichen abgeschlossen. Direkte Fragesätze können auch durch die Fragepartikel *nonne, num, -ne* (↑ S. 92) eingeleitet werden.

  Quando veniet? (**Wann** kommt er?) Num dubitas? (Zweifelst du **etwa?**)

- **Indirekte Fragesätze** (↑ S. 98) erfordern den Konjunktiv und sind als Nebensätze abhängig von einem übergeordneten Prädikat. Sie werden mit einem Punkt abgeschlossen.

  Nescio, **quid** respondeam. (Ich weiß nicht, **was** ich antworten soll.)

- Die Formen des adjektivischen Fragepronomens (↑ S. 25) sind identisch mit den Formen des Relativpronomens.

  Quos libros legisti? (**Welche** Bücher hast du gelesen?)

- Das substantivische Fragepronomen (↑ S. 25) ist quis?, quid?

  Quis Romam condidit? (**Wer** hat Rom gegründet?)

BESONDERS NÜTZLICH

Die Wortstellung im Deutschen

Beim Übersetzen sind die Regeln der deutschen Wortstellung zu beachten:

- Im deutschen Hauptsatz steht die **Personalform des Verbs** immer an zweiter Stelle. Das Prädikat des lateinischen Satzes muss also frühzeitig übersetzt werden.
  Ich **gehe** heute ins Kino. Er **ist** gestern im Kino **gewesen**.

- Im deutschen Adverbialsatz steht die **Personalform des Verbs** immer am Ende. Das <u>Subjekt</u> steht stets nach der Konjunktion.
  Sie kam nach Bonn zurück, **nachdem** <u>sie</u> längere Zeit im Ausland gelebt hatte.

2.2.2 Die einfache Satzperiode

In einer einfachen Satzperiode stehen Haupt- und Nebensätze **nebeneinander** und können auch in dieser Reihenfolge übersetzt werden.

Stellung der Attribute

- Der Nebensatz steht **hinter** dem übergeordneten Satz:

  Hannibal Romam iter fecit, <u>cum</u> Alpes superavisset.
  (Hannibal marschierte nach Rom, **nachdem er die Alpen überwunden hatte.**)

- Der Nebensatz steht **vor** dem übergeordneten Hauptsatz:

  <u>Cum</u> Hannibal Alpes superavisset, Romam iter fecit.
  (<u>Nachdem</u> Hannibal die Alpen überwunden hatte, marschierte er nach Rom.)

- Es können auch **mehrere Haupt- und Nebensätze** nebeneinanderstehen.
  Zwei Nebensätze rahmen den Hauptsatz ein (Flügelperiode):

  His cum sua sponte persuadere non possent, legatos ad Dumnorigem Haeduum mittunt, **ut eo deprecatore a Sequanis impetrarent.** (Caesar, Gall. I,9;2)
  (**Weil sie diese aus eigener Kraft nicht überreden konnten,** schickten sie Gesandte zum Haeduer Dumnorix, **um es durch seine Vermittlung von den Sequanern durchzusetzen.**)

TEXTERSCHLIESSUNG UND ÜBERSETZUNG

116 | 2 Die Erschließung einzelner Sätze

BESONDERS NÜTZLICH

Die Stellung des Subjekts

- Wenn das Subjekt im Haupt- und im Nebensatz identisch ist, steht es häufig in Spitzenstellung vor der Konjunktion des Nebensatzes.
  Hannibal, cum Alpes superavisset, Romam iter fecit.
  Im Deutschen muss das Subjekt mit in den Nebensatz gezogen werden.
  (Nachdem Hannibal die Alpen überwunden hatte, marschierte er nach Rom.)

- Wenn von einem Hauptsatz mehrere Nebensätze abhängen, das Subjekt des Hauptsatzes aber nur in einem der Nebensätze dasselbe ist, kann es dennoch vor der Konjunktion dieses Nebensatzes stehen.
  Dum **Romani** milites conscribunt, **Hannibal**, cum Alpes superavisset, Romam iter fecit.
  (Während die Römer Soldaten aushoben, marschierte Hannibal nach Rom, nachdem er die Alpen überwunden hatte.)

2.2.3 Die Schachtelperiode

In der Schachtelperiode liegen Haupt- und Nebensätze **ineinander verschachtelt:** Sie sind nicht abgeschlossen, sondern werden durch andere Sätze unterbrochen und später weitergeführt.

Stellung

- Der **Hauptsatz** kann durch **einen** Nebensatz unterbrochen werden:

  Haedui, cum se suaque ab iis defendere non possent, **legatos ad Caesarem mittunt.**
  (Caesar, Gall. I, 11,2)
  (Weil **die Haeduer** sich und ihr Eigentum nicht gegen sie verteidigen konnten, **schickten sie Gesandte zu Caesar.**)

- Der **Hauptsatz** kann durch mehrere **Nebensätze** unterbrochen werden.

  Interea ea legione, quam secum habebat, **militibusque,** qui ex provincia convenerant, **a lacu Lemanno,** qui in flumen Rhodanum influit, **ad montem Iuram,** qui fines Sequanorum ab Helvetiis dividit, **fossam perducit.** (Caesar, Gall. I, 8, 1, leicht gekürzt)
  (**Mit der Legion,** die er bei sich hatte, **und den Soldaten,** die aus der Provinz zusammengekommen waren, **zog er inzwischen einen Graben.** Dieser führte **vom Genfer See aus,** der in die Rhone mündet, **bis zum Jura,** der das Gebiet der Sequaner von dem der Helvetier trennt.)

- Ein **Nebensatz** kann durch andere dazwischengeschobene **Nebensätze** unterbrochen werden:

  <u>Ubi ea dies</u>, **quam** constituerat cum legatis, <u>venit et legati ad eum reverterunt</u>, negat se posse iter ulli per provinciam dare. (Caesar, Gall. I, 8, 3, leicht gekürzt)
  (<u>Sobald dieser Termin</u>, den er mit den Gesandten vereinbart hatte, **gekommen war und die Gesandten zu ihm zurückgekehrt waren**, sagte er, dass er niemandem den Zug durch die Provinz gestatte.

2.2 Die Satzperiode

> **BESONDERS NÜTZLICH**
>
> **Satzwertige Konstruktionen**

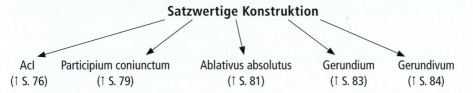

Eine satzwertige Konstruktion ist ein Satzglied, das durch die Verbindung mit einem Verb eine **eigene Satzaussage** enthält.

Bei AcI, Participium coniunctum und Ablativus absolutus bilden Substantiv + Infinitiv bzw. Partizip häufig einen **Rahmen** um die Erweiterungen (↑ S. 80):

AcI: **Caesar** cognovit **Helvetios** castra **movisse.** (Caesar, Gall. I 22, 4 gekürzt)	Caesar erkannte, dass die Helvetier weitergezogen waren.
PC: **Equites nostri** cum funditoribus flumen **transgressi** cum hostium equitatu proelium commiserunt. (Caesar, Gall. II, 19,4 gekürzt)	Nachdem unsere Reiter zusammen mit den Schleuderern den Fluss überquert hatten, begannen sie mit der Reiterei der Feinde eine Schlacht.
Abl. abs.: **His responsis** ad Caesarem **relatis** ad eum Caesar legatos mittit. (Caesar, Gall. I,35 gekürzt)	Nachdem diese Antworten Caesar berichtet worden waren, schickte Caesar Gesandte zu ihm.

Die **Rahmenstellung** hilft dabei, die satzwertige Konstruktion abzugrenzen.
In der Übersetzung werden satzwertige Konstruktionen gern mit einem Nebensatz übersetzt (↑ S. 76, 80, 82). Häufig treten auch **mehrere satzwertige Konstruktionen** in einer Satzperiode auf, die dann jeweils einzeln herausgelöst werden müssen.

{Is [M. Messala M. Pisone consulibus (**Abl. abs.**)] regni cupiditate inductus (**PC**)} coniurationem nobilitatis fecit.	Weil dieser durch die Begierde nach Herrschaft dazu verleitet war, machte er unter dem Konsulat des M. Messala und des M. Piso eine Verschwörung des Adels.

2.2.4 Die kombinierte Satzperiode

In einer kombinierten Satzperiode werden die bisher dargestellten Periodenarten miteinander kombiniert. Die dabei entstehenden **komplizierten Satzgefüge** müssen vor der Übersetzung sorgfältig in ihre Teilsätze gegliedert werden.

Bei der Kombination der Periodenarten gibt es zahlreiche Möglichkeiten.

{**Helvetii** repentino eius adventu **commoti** (PC)}, cum *id,* **quod** ipsi diebus viginti aegerrime confecerant, **ut** flumen transirent, *illum uno die fecisse intellegerent,* legatos ad eum mittunt.
(Caesar, Gall. I,13,2)
(Die Helvetier waren durch seine plötzliche Ankunft sehr bewegt, | weil sie erkannten, | dass er das, | was sie selbst in zwanzig Tagen mit äußerster Mühe vollbracht hatten, | nämlich den Fluss zu überqueren, an einem einzigen Tag gemacht hatte, | und sie schickten deshalb Gesandte zu ihm.)

118 | 2 Die Erschließung einzelner Sätze

BESONDERS NÜTZLICH

Die Übersetzung einer Satzperiode

Vor der Übersetzung:

- Eine Satzperiode muss mehrmals langsam und gründlich gelesen werden.

- Der Aufbau der Satzperiode muss unter Beachtung der Satzzeichen und der die **Teilsätze** einleitenden Konnektoren analysiert werden. Die Teilsätze müssen vollständig sein, also ein **Subjekt** (↑ S. 62) und ein **Prädikat** enthalten. Gerade bei Schachtelperioden ist darauf zu achten, ob ein Teilsatz nach dem Satzzeichen bereits abgeschlossen ist oder noch weitergeführt werden muss, weil das Prädikat noch nicht genannt ist.

- Als Hilfe bieten sich dazu unterschiedliche grafische Darstellungsmöglichkeiten (↑ S. 119) an. Dabei sind Subjekte und Prädikate zu markieren.

- In den einzelnen Teilsätzen müssen die **satzwertigen Konstruktionen** erkannt und abgegrenzt werden (↑ S. 80).

Die eigentliche Übersetzung:
Lange Satzperioden sind ein wesentliches Kennzeichen der lateinischen Sprache. Im Deutschen sind Perioden dieses Umfangs jedoch oft nicht möglich. Deshalb ist bei der Übersetzung ins Deutsche zu beachten:

- Die Verschachtelungen des lateinischen Satzes sollten im Deutschen nicht übernommen werden.

- Stattdessen werden die einzelnen Teilsätze nacheinandergeschaltet. Dabei lassen sich lateinische Nebensätze zu deutschen Hauptsätzen umwandeln.

- Das **logische Verhältnis** wird dabei durch deutsche Adverbien, Konjunktionen oder bestimmte Wendungen ausgedrückt:
  anreihend: außerdem, dann, ferner, sodann, anschließend;
  entgegensetzend: aber, dagegen, jedoch, vielmehr, im Gegensatz dazu;
  begründend: denn, nämlich;
  folgernd: also, deshalb, aus diesem Grund, infolgedessen, somit.

- **Bezüge** lassen sich in der Übersetzung durch „nämlich", durch Pronomen oder Substantive verdeutlichen. Dies können auch Eigennamen sein.

Caesari cum **id** nuntiatum esset ↓	Nachdem Caesar **dies** gemeldet worden war,
eos per provinciam nostram iter facere conari, maturat ab urbe proficisci. (Caesar, Gall. I,7)	**nämlich** dass diese versuchten durch unsere Provinz zu marschieren, beeilte er sich, von der Stadt aus aufzubrechen.
Ab **isdem** nostra consilia hostibus enuntiari; hos **a se** coerceri non posse. (Caesar, Gall. I,17,5 f leicht gekürzt)	Von **denselben Leuten** seien unsere Pläne dem Feind verraten worden. **Von ihm selbst** (**Liscus**) könnten sie nicht in Schranken gehalten werden.

2.2.5 Die grafische Darstellung

Satzperioden, die mehrere, auch ineinander verschachtelte Teilsätze enthalten, sind oft nicht leicht zu überblicken. Die **syntaktische Struktur** einer Satzperiode, d. h. die genaue Abfolge der einzelnen Teilsätze, lässt sich mithilfe grafischer Darstellungen veranschaulichen.

Das Einrückverfahren

Beim Einrückverfahren werden die **Haupt- und Nebensätze** oder ihre Teilstücke **untereinandergeschrieben,** jeweils in einer eigenen Zeile. Dabei erscheint der Hauptsatz ganz links. Die Nebensätze werden je nach Grad ihrer Abhängigkeit (↑ S. 93) nach rechts **eingerückt.** Dabei beginnen Nebensätze gleichen Grades oder Teilstücke von unterbrochenen Sätzen untereinander an derselben Einrückstelle.

Helvetii repentino eius adventu commoti,	HS
cum id,	NS 1. Grades
quod ipsi diebus viginti aegerrime confecerant,	NS 2. Grades
ut flumen transirent,	NS 3. Grades
illum uno die fecisse intellegerent,	NS 1. Grades
legatos ad eum mittunt.	HS

(Caesar, Gall. I, 13, 2)
(Die Helvetier waren durch seine plötzliche Ankunft sehr bewegt, weil sie erkannten, dass er das, was sie selbst in zwanzig Tagen mit äußerster Mühe vollbracht hatten, nämlich den Fluss zu überqueren, an einem einzigen Tag gemacht hatte, und sie schickten deshalb Gesandte zu ihm.)

BESONDERS NÜTZLICH

Die Unterordnung von Nebensätzen

Als Nebensatz bezeichnet man einen Satz, der nicht für sich allein stehen kann, sondern von einem anderen Satz abhängt.

- Ein Nebensatz, der von einem Hauptsatz abhängt, ist ein **Nebensatz 1. Grades.**

- Von einem Nebensatz (1. Grades) kann wiederum ein Nebensatz abhängen. Diesen bezeichnet man als **Nebensatz 2. Grades,** von dem auch wieder ein Nebensatz **(3. Grades)** abhängen kann.

  Das Kino war bereits voll besetzt (Hauptsatz),
    sodass alle Leute (Nebensatz 1. Grades),
      die noch draußen warteten (Nebensatz 2. Grades),
    keinen Platz mehr bekamen (Nebensatz 1. Grades).

120 | **2 Die Erschließung einzelner Sätze**

Die Kästchenmethode

Bei der **Kästchenmethode** werden Haupt- (HS) und Nebensätze (Gliedsätze GS) in der Reihenfolge des Textes **nebeneinandergeschrieben**, jedoch unterschieden durch **Tiefer- oder Höhersetzen.** Hauptsätze erscheinen auf der ersten Ebene, Nebensätze 1. Grades werden eine Zeile tiefer gesetzt, Nebensätze 2. Grades zwei Zeilen tiefer usw.

Helvetii ... commoti (HS)   legatos ... mittunt.

    cum id, (GS1)   illum ... intellegerent,

        quod ... confecerant, (GS2)

            ut ... transirent. (GS3)

(Caesar, Gall. I, 13, 2)
(Die Helvetier waren durch seine plötzliche Ankunft sehr bewegt, weil sie erkannten, dass er das, was sie selbst in zwanzig Tagen mit äußerster Mühe vollbracht hatten, nämlich den Fluss zu überqueren, an einem einzigen Tag gemacht hatte, und sie schickten deshalb Gesandte zu ihm.)

Das Unterstreichungsverfahren

Das **Unterstreichungsverfahren** führt man direkt in der Textvorlage durch. Dabei werden **Haupt- und Nebensätze** durch unterschiedliche Farben oder Formen der Unterstreichung so markiert, dass zusammengehörende Teile gleich gekennzeichnet sind.

Helvetii repentino eius adventu commoti, cum id, quod ipsi diebus viginti aegerrime

confecerant, ut flumen transirent, illum uno die fecisse intellegerent, legatos ad eum mittunt.

(Caesar, Gall. I, 13, 2)

Zusätzlich können **Konjunktionen** eingekreist und **Prädikate** gekennzeichnet werden. Die **satzwertigen Konstruktionen** lassen sich durch Klammern abgrenzen, wobei gleichzeitig über der Zeile vermerkt werden kann, um welche satzwertige Konstruktion es sich handelt. Durch Pfeile sind weitere **Zuordnungen** wie z. B. Bezugsworte zu verdeutlichen.

Helvetii [repentino eius adventu commoti], cum [id], quod ipsi diebus viginti aegerrime

confecerant, ut flumen transirent, [illum uno die fecisse] intellegerent, legatos ad eum

mittunt.

(Die Helvetier waren durch seine plötzliche Ankunft sehr bewegt, weil sie erkannten, dass er das, was sie selbst in zwanzig Tagen mit äußerster Mühe vollbracht hatten, nämlich den Fluss zu überqueren, an einem einzigen Tag gemacht hatte, und sie schickten deshalb Gesandte zu ihm.)

3 Die stilistisch-rhetorische Analyse

Lateinische Texte sind meist **kunstvoll gestaltet**. Dazu werden rhetorische und stilistische Figuren (Stilmittel) verwendet, d. h., die Wörter sind auf eine bestimmte Art und Weise gewählt und gesetzt, um besondere Wirkungen zu erzielen.

3.1 Die wichtigsten Stilmittel

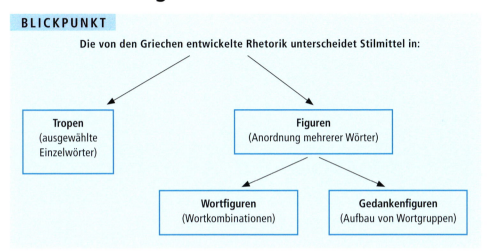

3.1.1 Die Tropen (Wendungen)

Unter Tropen versteht man **Wörter**, die etwas anderes bezeichnen als ihren eigentlichen Inhalt.

- **Hyperbel:** Übertreibung, in vergrößerndem oder verkleinerndem Sinne.
- **Litotes:** Durch Verneinung des Gegenteils wird eine starke Bejahung ausgedrückt.
- **Metapher:** Die Metapher verwendet die Wörter nicht in ihrer konkreten, sondern in einer übertragenen Bedeutung. Dadurch werden Vorstellungen aus verschiedenen Bereichen zu einem neuen sprachlichen Bild verbunden.
- **Allegorie:** Die Allegorie ist die bildhafte Veranschaulichung eines Gedankens, oft durch mehrere gereihte Metaphern.
- **Metonymie:** Bei der Metonymie wird ein Begriff ersetzt durch einen anderen, ihm gedanklich nahestehenden.

Te plus oculis meis amo. (Ich liebe dich mehr als mein Augenlicht.)
non ignorare (sehr wohl wissen)
non sine periculo (besonders gefährlich)

flos iuventutis (Blüte der Jugend)
oculis ardentibus (mit glühenden Augen)
aquae mons (ein Wasserberg)

Exemplo Libyae magnas it Fama per urbes ... (Vergil, Aen. IV, 173 ff.) (Sofort eilt Fama durch Libyens große Städte ...)
ferrum statt gladius (Eisen statt Schwert)
Vulcanus statt ignis (Vulcanus statt Feuer)

Synekdoche: Der engere Begriff steht anstelle des umfassenderen:
  – **Pars pro Toto** (Teil für das Ganze)
  – **Totum pro Parte** (Ganzes für den Teil)
■ **Ironie:** Man sagt das Gegenteil von dem, was man meint.
	tectum statt **domus** (Dach statt Haus)
	elephantus statt **ebur** (Elefant statt Elfenbein)
	bellus amicus (ein „sauberer" Freund)

■ **Euphemismus:** positiv verhüllende Umschreibung eines unangenehmen oder sonst zu meidenden Begriffs	**de vita decedere** statt **mori** (aus dem Leben scheiden statt sterben)
■ **Personifikation:** Die Personifikation, eine Form der Metapher, ordnet unbelebten Dingen, Pflanzen oder Tieren Eigenschaften von Personen zu.	**nondum ... suis ... / montibus ... pinus descenderat undas.** (Ovid, Met. 1, 94 f) (Noch war die Fichte nicht von ihren Bergen hinabgestiegen ins Wasser.)

3.1.2 Die Figuren

Im Unterschied zu **Tropen**, die die unterschiedlichen Verwendungen **eines Wortes** bezeichnen, versteht man unter **Figuren** die kunstvolle Anordnung **mehrerer Wörter**. Dabei sind **Wortfiguren**, welche die Kombination von Wörtern beschreiben, zu unterscheiden von **Gedankenfiguren**, die den Aufbau von Wortgruppen behandeln.

Die Wortfiguren

■ **Alliteration:** Wiederkehr des gleichen Anlauts in aufeinander folgenden Wörtern	**mutuo metu** (von wechselseitiger Furcht)
■ **Anapher:** Wiederholung desselben Wortes oder derselben Wortgruppe jeweils am Satzanfang	**Testis est Italia, testis est Sicilia, testis est Africa.** (Zeuge ist Italien, Zeuge ist Sizilien, Zeuge ist Afrika.)
■ **Asyndeton:** Beiordnende Konjunktionen werden weggelassen.	**Veni, vidi, vici.** (Ich kam, sah, siegte.)
■ **Ellipse:** grammatisch unvollständiger Satz, dessen Aussage aber aus sich selbst heraus verständlich ist	**Vita brevis, ars longa!** (Das Leben ist kurz, die Kunst lang!)
■ **Geminatio:** Das gleiche Wort wird wiederholt.	**Excitate, excitate eum, si potestis, ab inferis!** (Weckt ihn auf, weckt ihn auf, wenn ihr könnt, von den Toten!)
■ **Hendiadyoin:** Ein Begriff wird durch zwei Wörter wiedergegeben.	**licentia atque libertas** ([wörtl.:] Willkür und Freiheit] schrankenlose Freiheit)
■ **Hyperbaton:** Wörter, die syntaktisch zusammengehören, werden durch einen anderen Satzbestandteil getrennt.	**Quis est omnium tam peritus rerum?** (Wer ist in allen Dingen so erfahren?)
■ **Paronomasie:** ähnlicher Wortklang	**ex aratore orator** factus est. (Aus dem Bauern wurde ein Redner.)
■ **Polysyndeton:** Mehrere Begriffe oder Satzglieder werden durch Wiederholung desselben Bindewortes verbunden.	**Ego et audio et video et sentio, quid a te** […] cogitetur. (Ich höre **und** sehe **und** spüre, was von dir […] gedacht wird.)
■ **Zeugma:** Ein Satzglied, oft das Prädikat, wird auf zwei Satzglieder bezogen, obwohl es vom Sinn her nur zu einem passt.	**Voces ac manus ad caelum tendit.** (Er hebt [streckt] Stimme und Hände zum Himmel.)

Die Gedankenfiguren

- **Antithese:** Gegenüberstellung von Gegensätzen

- **Apostrophe:** Die Abwendung von den Zuhörern und die Hinwendung zu abwesenden Personen oder Sachen

- **Chiasmus:** Überkreuzstellung syntaktischer oder inhaltlicher Elemente

- **Interrogatio (rhetorische Frage):** Scheinfrage, auf die keine wirkliche Antwort erwartet wird

- **Klimax:** stufenweise Steigerung von weniger Bedeutendem zu Wichtigerem

- **Oxymoron:** Sich widersprechende Dinge werden verbunden.

- **Parallelismus:** syntaktisch gleich gebaute Sätze (dieselben Wortarten oder Satzglieder in derselben Reihenfolge)

Conferte hanc pacem cum illo bello! (Vergleicht diesen Frieden mit jenem Krieg!)

Adsunt ex Achaia legati neque te, Massilia, praetereo. (Aus Achaia sind Gesandte da, und auch dich, Massilia, übergehe ich nicht.)

satis eloquentiae (genug Beredsamkeit)

sapientiae parum (Verstand zu wenig)

Quid est maius libertate? (Was ist wichtiger als Freiheit?)

Abiit, excessit, evasit, erupit. (Er ist weggegangen, verschwunden, fortgerannt, davongestürmt.)

Cum tacent, clamant. (Indem sie schweigen, schreien sie.)

Laudis avidi,	(Geizig mit Lob,
pecuniae liberales	freigebig mit Geld
erant.	waren sie.)

3.2 Die rhetorische Analyse

Rhetorische Stilmittel dienen der **Veranschaulichung**, **Verdeutlichung** oder **Ausschmückung** eines Textes.

Textbeispiel

Interrogatio	Quo usque tandem abutere, Catilina, patientia nostra? Quam diu
Alliteration	etiam furor iste tuus nos eludet?
Hyperbaton	Quem ad finem sese **effrenata** iactabit **audacia**?
Anapher	**Nihil**ne te nocturnum praesidium Palatii, **nihil** urbs vigiliae, **nihil** timor populi, **nihil** concursus bonorum omnium, **nihil** hic munitissimus habendi senatus locus, **nihil** horum ora voltusque moverunt?
Metapher und Hyperbel	Patere tua consilia non sentis? **Constrictam** iam horum omnium scientia **teneri** coniurationem tuam non vides? Quid proxima, quid superiore nocte egeris, ubi fueris, quos convocaveris, quid consilii
Interrogatio und Litotes	ceperis, quem nostrum ignorare arbitraris?
	(Auszug aus Ciceros erster Rede gegen Catilina)

Gebrauch und Wirkung

Die Stilmittel werden mit der **inhaltlichen Ebene verknüpft.**

Cicero eröffnet seine Rede, indem er Catilina wegen seiner Unverfrorenheit anklagt. Er erklärt, dass Catilinas Verschwörungspläne entdeckt und allen bekannt sind.
- Mit einer **Interrogatio** als Eröffnung will Cicero den Gegner überrumpeln und einschüchtern.
- Er reiht Frage an Frage, die in ihrer pochenden Abfolge Catilina als Verbrecher entlarven und zugleich den anwesenden Senat von der Unhaltbarkeit des Zustands überzeugen sollen. Die Fragen entsprechen sich inhaltlich weitgehend, was klanglich wiederum durch die **Alliteration** qu... qu... qu... unterstrichen wird.
- Das **Hyperbaton**, die Trennung des Substantivs audacia vom Attribut effrenata, rückt das wichtigste Wort audacia an das Ende des Satzes und damit an die entscheidende Tonstelle.
- Mittels der **Anapher** nihil ... nihil ... nihil ... soll Eindringlichkeit erreicht werden. Die Subjekte dieses Satzes lassen sich dem Konsul, dem Volk und dem Senat zuordnen: Alle Instanzen Roms sind laut Cicero also gegen Catilina.
- Der Ausdruck constrictam [...] teneri wird als **Metapher** verwendet. Im wörtlichen Sinn beschreibt der Ausdruck ein Tier, das sich in einem Netz verfangen hat.
- Zugleich ist der Ausdruck eine **Hyperbel**, denn die Senatoren werden von Cicero über die Vergehen Catilinas vorher informiert worden sein, was aber nicht bedeutet, dass sie Ciceros Beurteilung in vollem Umfang teilen. Durch diese scheinbare Eindeutigkeit wird Catilina weiter eingeschüchtert.
- Mit der abschließenden rhetorischen Frage quem ignorare arbitraris? verbindet Cicero indirekt eine **Litotes** (statt nemo ignorat) im Sinne von „jeder weiß". Damit stellt er nochmals unmissverständlich klar, dass Catilina keinerlei Unterstützung mehr hat, alle gegen ihn stehen.

4 Die metrische Analyse

Die Sprache der lateinischen Dichtung ist in **Versen** gehalten. Lateinische Verse beruhen auf der geregelten Abfolge von **langen und kurzen Silben.**

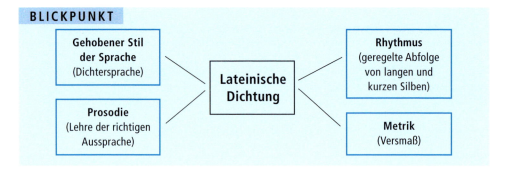

4.1 Der Rhythmus

Während der deutsche Vers gekennzeichnet ist durch einen akzentuierenden Rhythmus, d. h. den Wechsel von betonten und unbetonten Silben, ist der Rhythmus lateinischer Verse bestimmt durch die **regelmäßige Abfolge langer und kurzer Silben** (quantitierender Rhythmus).
Quídquid agís, prudénter agás et réspice fínem!
(Was du auch tust, handle klug und denk' an das Ende!)

4.2 Die Prosodie (Aussprache)

- **Betonungsregeln:** Zweisilbige Wörter werden auf der ersten Silbe betont: fāma
  Wörter mit mehr als zwei Silben werden auf der
  - vorletzten Silbe betont, wenn diese lang ist: imperātor,
  - drittletzten Silbe betont, wenn die vorletzte kurz ist: ánimus.
- **Quantitätsregeln:** Eine Silbe gilt als lang (−)
  - mit Diphthong (Doppellaut) oder mit langem Vokal (Naturlänge): aētās −−, nātūra −−∪,
  - wenn mehrere Konsonanten nach kurzem Vokal stehen (Positionslänge): vindex −−,
    (Ausnahme: Ist der zweite Konsonant nach kurzem Vokal ein l oder r, gilt die Silbe meist als kurz:
    arbore −∪∪). − Alle anderen Silben sind grundsätzlich kurz (∪).

4.3 Die Metrik

- **Versfuß:** Das kleinste, regelmäßig wiederkehrende Element im Vers. Die wichtigsten Versfüße:
  Jambus ∪−   Daktylus −∪∪   Trochäus −∪
  Anapäst ∪∪−   Spondeus −−
  Versformen: Je nach Zahl der Metren unterscheidet man:
  - **Tri**meter (3 Metren),
  - **Tetra**meter (4 Metren),
  - **Penta**meter (5 Metren) und
  - **Hexa**meter (6 Metren).
- **Versgliederung:** Die Länge der Verszeile stimmt in der Regel nicht überein mit der Satzlänge. Entweder wird über die Versgrenze hinaus gelesen (Enjambement) oder innerhalb der Verszeile eine Pause eingelegt. Solche Pausen sind für den lateinischen Vers folgendermaßen festgelegt:
  - **Zäsur:** Einschnitt innerhalb eines Versfußes,
  - **Dihärese:** Trennung von Versfüßen.

4.3.1 Der Hexameter

Grundschema

−∪∪ −∪∪ −∪∪ −∪∪ −∪∪ −∪

- Der Hexameter besteht aus sechs (griech.: hex) Daktylen (−∪∪).
- Die Daktylen können ersetzt werden durch Spondeen (−−).
- Das fünfte Metrum ist in der Regel ein Daktylus.
- Der sechste Daktylus ist unvollständig (−∪).

Besonderheiten

- Wie alle Langverse, wird der Hexameter durch Zäsuren (↑ s. o.) gegliedert. Die häufigste Zäsur ist nach dem 3. Halbfuß (Trithemimeres): −∪∪ − || ∪∪ −∪∪ −∪∪ −∪∪ −∪
- Auch nach dem 5. (griech.: penta) und nach dem 7. (griech.: hepta) Halbfuß kann eine solche Pause liegen.
  Penthemimeres: −∪∪ − ∪∪ −|| ∪∪ −∪∪ −∪∪ −∪
  Hephthemimeres: −∪∪ − ∪∪ −∪∪ −|| ∪∪ −∪∪ −∪
- Befindet sich die Pause nach dem vollständigen 4. Versfuß, so ist dies eine bukolische Dihärese:
  −∪∪ −∪∪ −∪∪ −∪∪ ||−∪∪ −∪

126 | **4 Die metrische Analyse**

■ Meistens gibt es gleich mehrere dieser Zäsuren und Dihäresen:
$-\cup\cup - \|\cup\cup - \|\cup\cup - \|\cup\cup\| -\cup\cup -\cup$

parcere subiectīs et dēbellāre superbōs. (Vergil, Aen. VI, 853)
$-\quad \cup\cup| -\quad -|-\|-| -\quad -|-\cup\|\cup |-\quad -$

4.3.2 Der Pentameter

Grundschema

$-\cup\cup -\cup\cup - \| -\cup\cup -\cup\cup \underset{\smile}{\cup}$

■ Der Pentameter steht nie allein, sondern ist immer angeschlossen an einen Hexameter. Diese Verbindung bezeichnet man als Distichon (Zweizeiler).
■ Der Pentameter besteht aus zwei symmetrischen Halbzeilen.
■ Nur in der ersten Halbzeile kann ein Daktylus durch einen Spondeus ersetzt werden, die zweite Halbzeile ist rein daktylisch.

Pāx, ades et tōtō mītis in orbe manē! (Ovid, Fasti I, 713)
$-\quad \cup\cup|- -|-\|- \cup \cup|- \cup \cup|-$

4.4 Weitere Kennzeichen der lateinischen Dichtersprache

■ Verwendung besonderer Formen:
  – dichterischer Plural, regna statt regnum, aquae statt aqua
  – *-um* (statt *-orum* oder *-ium*) als Endung für rex superum
    Genitiv Plural,
  – *-ēre* (statt *-ērunt*) als Endung für die 3. Person fugēre
    Plural Perfekt Aktiv,
  – *-v-* im Perfekt fällt aus, sodass Kurzformen mutastis (statt mutavistis)
    entstehen,
  – *fore = futurum esse*,
  – griechische Formen Eurydicen (Akkusativ Singular)

■ lautliche Veränderung von Wörtern:
  Ausstoßung von Buchstaben und Kontraktion. pericla statt pericula
■ Wahl ungewöhnlicher Ausdrücke:
  – seltene Wörter, natus statt filius, letum statt mors
  – griechische Wörter, antrum statt specus
  – Simplex statt Kompositum. legere statt colligere

Register

Ablativ 71 ff.
- Causae (des Grundes) 74
- Comparationis (des Vergleichs) 72
- instrumentalis (des Mittels) 72
- Limitationis (der Beziehung) 73
- Loci (des Ortes) 71
- Mensurae (des Maßes) 73
- Modi (der Art und Weise) 73
- Originis (der Herkunft) 72
- Pretii (des Wertes) 66, 73
- Qualitatis (der Eigenschaft) 73
- separativus (der Trennung) 72
- Temporis (der Zeit) 71
Ablativus absolutus 81 f.
- nominaler 82
- Übersetzung 82
- Zeitverhältnis 82
absolutes Tempus 97
Accusativus cum Infinitivo (AcI) 76 ff., 104
- als Satzglied 77
- Pronomen 78
- Übersetzung 76
- Zeitverhältnis 77
Adjektiv 12 ff.
- ā-/o-Deklination 12 f.
- dreiendig 13
- einendig 14
- konsonantische Stämme 15
- i-Stämme 13
- unregelmäßige Steigerung 17
- unvollständige Steigerung 17
- zweiendig 14
Adverb 18 f.
- Bildung 18
- Besonderheiten der Adverbbildung 19
Adverbiale 64, 112

Adverbialsatz 99 ff.
Adversativsatz 102
Akkusativ 69 f.
Aktiv 90
Alliteration 122
Anapher 122
Antithese 123
Apposition 113
Asyndeton 122
Attribut 64, 112
Aussagesatz 91

Begehrsatz 92, 98

Chiasmus 123
Consecutio Temporum 96 f.
cum als Konjunktion 100

Dativ 67 f.
- Auctoris (des Urhebers) 68, 84
- Commodi (der Beteiligung) 68
- finalis (des Zwecks) 68
- possessivus (der Zugehörigkeit) 68
Dehnungsperfekt 56 ff.
Deklinationen 6 ff.
- ā-/o-Deklination (1. und 2.) 6 ff.
- gemischte 10
- i-Stämme 9
- konsonantische Deklination (3.) 8 f.
- u-Deklination (4.) 10
- ē-Deklination (5.) 11
Deliberativ 88
Demonstrativpronomen 22 f.
Deponenzien 47 f.

Einrückverfahren 119
Elativ 16
Ellipse 122
esse 49 f., 111

ferre 52 f.

fieri 53
Finalsatz 94, 101
Fragepartikel 92, 98
Fragesatz 92, 115
- indirekter Fragesatz 98, 115
Futur I 41, 86
Futur II 44 ff., 87, 95

Genitiv 65 ff.
- objectivus (des Ziels) 65
- partitivus (der Teilung) 66
- possessivus (der Zugehörigkeit) 66
- Pretii (des Wertes) 66
- Qualitatis (der Beschaffenheit) 66
- subjectivus (der Herkunft) 65
Genus (Geschlecht) 6 f.
Genus Verbi (Aktiv/Passiv) 90 f.
Gerundium 35, 83
Gerundivum 35, 84
Gleichzeitigkeit 77 ff., 95 ff.

Hexameter 125
hic, haec, hoc 23
Hortativ 88
Hyperbaton 122

idem, eadem, idem 22
ille, illa, illud 23
Imperativ I 42, 90
Imperativ II 42
Imperfekt 39 f., 86
Indefinitpronomen 26
Indikativ 88, 94
Infinitiv 33, 67
Interrogativpronomen 25
intransitiv 63, 67
ipse, ipsa, ipsum 24
ire 51 f.
Irrealis 89, 97
is, ea, id 22
iste, ista, istud 24
Iussiv 89

Kästchenmethode 120
Kasus (Fall) 6, 11, 64 ff.
Kausalsatz 100
KNG-Kongruenz 12, 63 f.,
  79 f., 81 ff., 109
Konditionalsatz 102
Komparation (Steigerung) 15
Komparativ (Höherstufe) 15 f.
Komparativsatz 102
Konjugationen 32 ff., 55 ff.
– a-Konjugation 38
– e-Konjugation 38
– i-Konjugation 38
– konsonantische Konju-
  gation 38
– Kurz-i-Konjugation 38
Konjunktionen 103, 114
Konjunktiv 88 ff., 94
– im Hauptsatz 88 f., 91 f.
– im Nebensatz 94, 104
Konnektoren 106 ff., 113 f.,
  118
Konsekutivsatz 101
Konzessivsatz 101
Korrelativpronomen 28

Litotes 121

malle 51
Metapher 121
Metrik 124 f.
Modalsatz 101
Modus (Aussage-
  weise) 37, 88, 94, 114

Nachzeitigkeit 77 ff., 95 ff.
Nebensätze 93 ff., 113 ff.
nemo 27
nolle 51
Nominativ 65
Nominativus cum Infinitivo
  (NcI) 78 f.
nullus 27
Numerus 6

Objekt 63, 111
Optativ 89
Oratio obliqua 103 f.

Parallelismus 123
Participium coniunc-
  tum 79 ff.

Partizip 34 f.
– attributives Partizip 83
– Partizip Futur Aktiv
  (PFA) 35
– Partizip Perfekt Passiv
  (PPP) 34, 35
– Partizip Präsens Aktiv
  (PPA) 34
Partizipialstamm 44
Passiv 90 f.
Pentameter 126
Perfekt 45
– historisches Perfekt 87
– konstatierendes Perfekt 87
Perfektbildung 43, 55
– Dehnungsperfekt 55 ff.
– ohne
  Stammveränderung 55 ff.
– Reduplikationsperfekt
  55 ff.
– s-Perfekt 55 ff.
– u-Perfekt 55 ff.
– v-Perfekt 55 ff.
Perfektstamm 32, 42 ff.
Personalendungen 37, 40
Personalpronomen 20 f.
Personifikation 122
Plusquamperfekt 45 f., 87
Positiv (Grundstufe) 15 ff.
posse 50
Possessivpronomen 21 f.
Potenzialis 89, 91, 94, 97
Prädikat 63, 110
Prädikativum 64
Präpositionen 74
Präsens 38
– historisches Präsens 85
Präsensstamm 37 ff.
prodesse 50
Prohibitiv 89
Pronomen (Für-
  wort) 20 ff., 104
Pronominaladjektiv 28

quam mit Superlativ 16
qui, quae, quod 24, 25
quis, quid 25

Reduplikationsperfekt 55 ff.
Reflexivpronomen 21
relativer Anschluss 99
Relativpronomen 24, 114

Relativsatz 98 f.
– im Indikativ 98
– im Konjunktiv 99
– verschränkter
  Relativsatz 99
rhetorische Frage 99

Satzgefüge 94
Satzglied 62, 77, 109 ff., 122 f.
Satzfrage 92, 98
Satzperiode 113 ff.
Schachtelperiode 116
Satzreihe 93 f.
satzübergreifende
  Texterschließung 106 ff.
satzwertige
  Konstruktion 76 ff., 80 ff.,
  117 ff.
s-Perfekt 55 ff.
Stammformen 34, 55 ff.
Semideponenzien 48
Sinnrichtung 79 ff., 99, 114
Stilmittel 121 ff.
Subjekt 62, 111, 116
Substantiv 6 ff., 62 ff., 74 f.,
  81 ff., 111f.
Superlativ (Höchststufe) 16
Supinum 33, 36

Tempus (Zeit) 85 ff.
Temporalsatz 100
transitiv 63, 67, 100

Unterstreichungs-
  verfahren 120
u-Perfekt 55 ff.
utinam 92
velle 51
Verba defectiva (Unvoll-
  ständige Verben) 54
Verb 32 ff.
– finite Verbformen 37 ff.
– infinite Verbformen 33 ff.
Verteilungszahlen 31
v-Perfekt 55 ff.
Vorzeitigkeit 77 ff., 95 ff.

Wortfrage 92, 98

Zahladverbien 31
Zahlwörter 29
Zeitverhältnis 79 ff., 95 f.